经治
财法

投服中心系列丛书
China Securities Investor Services Center

诉讼维权案例评析

2020年

郭文英◎主编

Cases Review of Securities Litigations

法律出版社
LAW PRESS · CHINA

编辑委员会

诉讼维权案例评析

Cases Review of Securities Litigations

序　言

党中央、国务院高度重视资本市场投资者保护工作，习近平总书记从2018年起就多次强调，要建设一个规范、透明、开放、有活力、有韧性的资本市场，完善资本市场基础性制度，把好市场入口和市场出口两道关，加强对交易的全程监督。

2019年12月28日，《证券法》正式修订通过，并于2020年3月1日起施行，最大的亮点是新设“投资者保护”专章，其中第94条第2款明确投资者保护机构可以依法支持投资者起诉，第95条第3款规定投资者保护机构可以作为诉讼代表人，依据“明示退出、默示加入”的诉讼原则，依法为受损投资者提起民事损害赔偿诉讼，从而完善了我国证券民事诉讼制度，实现了我国投资者保护证券立法的重大制度创新。

中证中小投资者服务中心（以下简称投服中心）作为公益的投资者保护机构，在证监会党委的领导与支持下，于2016年开启证券支持诉讼，不断进行理论实践探索，先后进行“证券支持诉讼示范判决机制”“资本市场公益诉讼理论与实践研究”课题研究，先后发起多个“首单”案件：全国首单证券支持诉讼“匹凸匹”案，该案被评为“2017年度人民法院十大民事行政案件”；全国首单操纵市场民事赔偿支持诉讼恒康医疗案，并以支持诉讼为基础，研发损失计算系统；为全国首例示范案件方正科技案出具损失核定意见，该案先后获评“2019年度人民法院十大民事行政及国家赔偿案件”及“第十五届（2019年度）中国十大影响性诉讼”。

中国证监会易会满主席在2020年第二届“5·15”投资者保护宣传日上强调，投资者是资本市场发展之本。我国资本市场走过30年历程，A股投资者数量已达1.6亿户，保护中小投资者合法权益是资本市场落实人民性的根本体现，也是投服中心作为公益性投资者保护机构的重要职责。到2020年，支持诉讼已进入第5个年头。截至 2020 年 10 月底,投服中心共预研案件 145 起,提起支持诉讼案件 30 起,股东诉讼 1 起。支持诉讼诉求总金额约 1.19 亿元,获赔总人数为 600 人,获赔总金额约 5556 万元,覆盖上海、江苏、广东、云南、辽宁、湖南、四川、贵州、青海、黑龙江、北京等全国 14 个地区。

5 年来,投服中心聚焦重大典型违法行为,不断完善工作机制,借助公益律师专业合力,坚持"追首恶"的独特诉讼理念,不断夯实支持诉讼基础,充分发挥支持诉讼示范引领作用。为提高支持诉讼效率,解决证券虚假陈述案件损失计算的难点、痛点,投服中心积极研发损失计算系统,自 2019 年年初应用以来,已累计接受 12 家法院共 19 起案件的损失计算委托,涉及投资者人数 7000 余人,计算金额超过 14 亿元。

本书是支持诉讼实践以来的第 3 辑案例选编,共收录了 4 起案件,包括 3 起支持诉讼案件及 1 起损失核定案件,从不同维度反映投服中心公益维权的进展与成果。在天成控股案中,投服中心支持投资者提起诉讼,一审获法院全额支持,在公司提起上诉后,投服中心与公益律师积极协助应诉,二审法院判决维持原判,是支持诉讼历时最短、审理效率最高的案件;顺灏股份案是我国资本市场上首次通过公开征集方式形成的证券支持诉讼案件,共征集 97 名投资者申请,从 2017 年至 2020 年,历经一审、二审、再审、执行全流程后圆满落下帷幕;在尔康制药案中,法院以不具重大性为由排除一定区间的受损投资者,为投服中心案件研究、提起支持诉讼提供了警示性借鉴与思考;在方正科技案中,投服中心以辅助投资者损失核定身份参与诉讼,上海市高级人民法院、上海金融法院根据该损失核定意见作出示范判决,开创证券投资者保护与司法审判领域的新举措。所有案件的审理过程与判决结果都为未来证券公益维权手段和诉讼机制的完善提供了有益思考,促使投服中心积极探索支持诉讼与其他诉讼方式的有效衔接,实现行政执法与民事追偿的积极联动。

2020 年 10 月 9 日国务院印发《关于进一步提高上市公司质量的意见》(国发〔2020〕14 号),其中明确指出"支持投资者保护机构依法作为代表人参加诉讼""推广证券期货纠纷示范判决机制",为投资者保护机构开展支持诉讼、代表人诉讼,推广示范判决机制提供了坚实的制度基础及保障。下一步,投服中心将继续秉持"为民、奉献、专业、引领"的理念,贯彻落实《证券法》,妥善对接代表人诉讼与支持诉讼,推动股东诉讼,形成良好的市场示范和震慑效应;加强与法院沟通协作,推动建立“支持诉讼+示范判决”及“损失计算+诉调对接”证券诉讼新模式;与审判机关、检察机关共同探索,研究建立证券公益诉讼制度;积极拓展支持诉讼案件新类型,探索对市场操纵和内幕交易案件提起支持诉讼的可行性,从而全面丰富证券民事司法救济渠道,最大化保护中小投资者的合法权益。

目　录

天成控股案

天成控股虚假陈述支持诉讼案

张学霖[*]

上市公司业绩“变脸”是欺诈投资者的一个惯用伎俩，从开始业绩预告预计盈利，然后在短时间内公告业绩预亏，进而股价大幅下跌，给股民造成巨大损失。为帮助更多中小投资者依法维权，投服中心指派公益律师张学霖支持投资者张某于2019年3月28日提起诉讼，秉承“追首恶”的原则，向贵州长征天成控股股份有限公司（以下简称天成控股）时任董事长王某某、天成控股时任财务总监马某某、天成控股索赔因虚假陈述造成的损失。

2019年9月2日，贵阳市中级人民法院（以下简称贵阳中院）首次对该案作出判决，判决天成控股、马某某、王某某共同连带赔偿投资者100%的损失。2019年12月25日，贵州省高级人民法院（以下简称贵州高院）作出判决，判决驳回天成控股、马某某、王某某上诉，维持原判。在法院已有生效胜诉判决的情形下，后续参与向天成控股及相关责任人索赔的投资者将获得更有利的司法救济途径。

案情简介

（一）上市公司基本情况

天成控股系一家在上海证券交易所上市的股份有限公司，股票简称为“天成控

---

* 贵州中创联律师事务所律师，投服中心公益律师。

股”，股票代码为 600112。“天成控股”所属中国证券监督管理委员会（以下简称证监会）行业（门类）为制造业，行业大类代码 38，行业大类名称为电气机械及器材制造业。王某某，涉诉时任天成控股的董事长，系天成控股法定代表人。马某某，涉诉时任天成控股财务总监。①

（二）违法事实及处罚结果

2017 年 1 月 25 日晚，天成控股发布《贵州长征天成控股股份有限公司 2016 年年度业绩预告》，载明：（1）预计 2016 年年度经营业绩与上年同期相比，将实现扭亏为盈，实现归属于上市公司股东的净利润在 1000 万元至 1500 万元之间。（2）因公司外部审计尚未结束，以上预告数据仅为初步核算数据，具有不确定性。具体准确的财务数据以本公司正式披露的经审计后的 2016 年年度报告为准，敬请广大投资者注意投资风险。

2017 年 4 月 23 日晚，天成控股发布《贵州长征天成控股股份有限公司 2016 年年度业绩预告更正公告》，载明：（1）更正后的业绩预告情况。预计 2016 年年度经营业绩将出现亏损，预计实现归属上市公司股东的净利润为 -9700 万元。（2）根据《上海证券交易所股票上市规则》的有关规定，本公司 2016 年经审计后的净利润若是亏损，公司将连续两年亏损，公司股票在 2016 年年度报告披露后将被实施退市风险警示。

2018 年 1 月 10 日晚，天成控股公告收到证监会的《调查通知书》（稽查总队调查通字 180009 号），证监会列出的调查理由是“对公司 2016 年业绩预告与年报业绩披露差异进行立案调查”。

2018 年 11 月 19 日，证监会作出的〔2018〕112 号《行政处罚决定书》认定：（1）2017 年 1 月 25 日，王某某主持召开天成控股高管会议，参会人员包括马某某、总经理周某某、副总经理黄某某、陈某。会议讨论决定，天成控股发布 2016 年年度业绩公告：预计 2016 年与上年同期相比将实现扭亏为盈，实现归属于上市公司股东的净利润在 1000 万元至 1500 万元之间。此次业绩预告未进行董事会决议，未征求

① 天成控股的基本信息：股票简称：“天成控股”；股票代码：600112；上市时间：1997 年 11 月 27 日；住所地：贵州省遵义市汇川区武汉路临 1 号；主营业务：高低压电器成套装置，高低压电器元件的生产和销售等。目前，该公司股票简称已变更为 * ST 天成，法定代表人也已更换。相关信息源于国家企业信用信息公示系统（http://www.gsxt.gov.cn/index.html）和巨潮资讯网（http://www.cninfo.com.cn）。

独立董事意见。当天,天成控股以董事会公告名义发布了上述2016年度业绩预告。(2)2017年4月23日,天成控股发布2016年度业绩预告更正公告:2016年实现归属于上市公司股东的净利润由1000万元至1500万元之间更正为-9700万元。公告发布后,"天成控股"股价于2017年4月24日、25日连续两天跌停。(3)2017年4月26日,天成控股发布2016年年度报告。同日,天成控股发布公告称,鉴于天成控股2015年度、2016年度经审计的净利润为负值,公司股票将于2017年4月27日起被实施退市风险警示。公告发布后,"天成控股"股价于2017年4月27日、28日连续两天跌停。(4)马某某作为天成控股的财务总监,将置换收益确认在2016年,为直接负责的主管人员;王某某作为董事长全面负责公司事务,是天成控股扭亏为盈公告发布的主要决策者,为直接负责的主管人员。天成控股在本次资产置换事项的收益确认条件尚不具备的情形下,提前确认了资产置换收益,使其2017年1月25日发布的2016年年度业绩扭亏为盈公告与实际情况严重不符,违反了2014年《证券法》第63条的规定,构成2014年《证券法》第193条第1款所述的虚假记载行为。对天成控股给予警告,并处以40万元的罚款;对王某某、马某某给予警告,并分别处以10万元的罚款;其余参与决策的董事、高级管理人员也给予了相应的处罚。

(三)本案社会影响

天成控股违法违规事件爆发后,股价持续下跌,天成控股的投资者纷纷开始依法维护自身的权益,其中张某等中小投资者先后向投服中心请求获得维权上的支持。2019年5月31日,贵阳中院首次开庭,共有200余名投资者同时参与法庭审理。

索赔方案确定

(一)被告的确定

2014年《证券法》第69条规定:"发行人、上市公司公告的招股说明书、公司债券募集办法、财务会计报告、上市报告文件、年度报告、中期报告、临时报告以及其他信息披露资料,有虚假记载、误导性陈述或者重大遗漏,致使投资者在证券交易中遭受损失的,发行人、上市公司应当承担赔偿责任;发行人、上市公司的董事、监事、高级管理人员和其他直接责任人员以及保荐人、承销的证券公司,应当与发行人、上市公司承担连带赔偿责任,但是能够证明自己没有过错的除外。"《最高人民法院关于审理证券市场因虚假陈述引发的民事赔偿案件的若干规定》(以下简称《若干规定》)中进一步作出明确具体规定。

根据2014年《证券法》和《若干规定》的相关规定,上市公司因虚假陈述行为给投资者造成损失的,应当承担无过错责任,上市公司董事、监事及高级管理人员等承担推定过错的连带责任。这区别于民事举证责任中的"谁主张,谁举证"原则。

在本案中,天成控股在业绩预告披露中的业绩扭亏为盈公告与实际情况严重不符。天成控股是信息披露义务人,马某某作为天成控股的财务总监是直接负责的主管人员,王某某作为董事长全面负责公司事务,是天成控股扭亏为盈公告发布的主要决策者,为直接负责的主管人员,根据《若干规定》的相关规定,均应对投资者的损失承担连带赔偿责任。结合行政处罚结果以及投服中心支持诉讼"追首恶"的原则,确定诉讼被告为天成控股、王某某和马某某。

(二)因果关系

《若干规定》第18条规定:"投资人具有以下情形的,人民法院应当认定虚假陈述与损害结果之间存在因果关系:(一)投资人所投资的是与虚假陈述直接关联的证券;(二)投资人在虚假陈述实施日及以后,至揭露日或者更正日之前买入该证券;(三)投资人在虚假陈述揭露日或者更正日及以后,因卖出该证券发生亏损,或者因持续持有该证券而产生亏损。"2017年1月25日晚,天成控股发布《贵州长征天成控股股份有限公司2016年年度业绩预告》,发布公告时股票交易已经停止,因此2017年1月26日为虚假陈述实施日。2017年4月23日晚,天成控股发布《贵州长征天成控股股份有限公司2016年年度业绩预告更正公告》,发布公告时股票交易已经停止,因此2017年4月24日为虚假陈述更正日。在以证券累计成交量达到其可流通部分100%为计算根据的基础上,以2017年4月24日为更正日所对应的基准日为2017年7月6日,基准价为6.62元/股。2017年1月25日(实施日),天成控股发布2016年年度业绩预告公告,该公告发布后,投资者于2017年1月26日至4月23日买入天成控股的股票,于2017年4月24日(更正日)后卖出或持有天成控股的股票发生亏损,符合《若干规定》第18条的情形,应当认定虚假陈述与损害结果之间存在因果关系。

本案投服中心公开征集的投资者范围为:2017年1月26日至4月23日买卖天成控股股票且该股票在2017年4月24日及以后卖出或持有天成控股股票的投资者。同时,投资者也不存在《若干规定》第19条规定的“人民法院应当认定虚假陈述与损害结果之间不存在因果关系”的五类情形。

(三)投资差额损失

投资者的损失计算方式,关系到如何确定投资者的损失,是虚假陈述民事赔偿的重要内容。依据《若干规定》第18条、第19条的相关规定,只有在实施日至更正日期间买入并且在更正日前未卖出的股票所产生的投资差额损失才与虚假陈述具有因果关系,才能纳入计算。投资者在实施日前持有股票余额,采用先进先出法,将先卖出的股票抵减实施日前股票余额,不作为投资差额损失的计算范围。首先确定可索赔股票的数量,再按以下方式计算投资者的损失:(1)投资差额损失的计算总公式为:投资差额损失=(平均买入价-平均卖出价)×更正日至基准日期间卖出的可索赔股票的数量+(平均买入价-基准价)×基准日之后卖出或仍持有的可索赔股票的数量。(2)平均买入价计算方法:用投资者在实施日至更正日期间买进的可索赔股票价格和数量计算出买进股票总成本,再按照可索赔股票数额计算平均买入价。(3)如买入的可索赔股票数量大于基准日之后仍持有的数量时,平均卖出价计算方法:投资者在实施日至更正日期间可索赔股票减去基准日之后仍持有的数量为卖出的可索赔股票数量,以更正日至基准日期间卖出的可索赔股票总金额,再按照可卖出索赔股票数量计算平均卖出价。

(四)法律分析

经与投服中心共同研究分析,对本案的基本情况和可能的争议焦点形成法律分析意见和代理思路。本案争议焦点如下:(1)关于虚假陈述行为的认定;(2)因果关系认定;(3)关于本案虚假陈述实施日、更正日、基准日、基准价的认定;(4)关于损失范围的认定;(5)系统风险认定(本案争议焦点的因果关系认定,虚假陈述实施日、更正日、基准日、基准价的认定及损失范围的认定之前已作了法律分析)。

1. 虚假陈述行为的认定

证监会作出的〔2018〕112号《行政处罚决定书》确认了天成控股在2017年1月

25日发布的2016年年度业绩扭亏为盈公告与实际情况严重不符,违反了2014年《证券法》第63条的规定,构成2014年《证券法》第193条第1款所述的虚假记载行为。天成控股及马某某、王某某对证监会作出的行政处罚并未提出行政复议及行政诉讼,应认定天成控股构成了虚假记载行为。

天成控股发布的2016年年度业绩盈利1000万元至1500万元的业绩预告与实际亏损9700万元严重不符,其行为构成虚假记载,应属于重大事件。

2014年《证券法》第63条规定:"发行人、上市公司依法披露信息,必须真实、准确、完整,不得有虚假记载、误导性陈述或者重大遗漏。"2014年《证券法》第66条规定:"上市公司和公司债券上市交易的公司,应当在每一会计年度结束之日起四个月内,向国务院证券监督管理机构和证券交易所报送记载以下内容的年度报告,并予公告……(二)公司财务会计报告和经营情况……"《若干规定》第17条规定:"证券市场虚假陈述,是指信息披露义务人违反证券法律规定,在证券发行或者交易过程中,对重大事件作出违背事实真相的虚假记载、误导性陈述,或者在披露信息时发生重大遗漏、不正当披露信息的行为。"对于重大事件,应当结合2014年《证券法》第59条、第60条、第61条、第62条、第72条及相关规定的内容认定。虚假记载,是指信息披露义务人在披露信息时,将不存在的事实在信息披露文件中予以记载的行为,这也是投资者作出投资决策的主要依据。证券虚假陈述行为的重大性,是指公司行为对投资决定的可能性影响,主要包括投资者投资意愿等,其主要衡量指标可以通过该行为对证券交易价格和交易量的影响来判断。本案中,天成控股2017年1月25日公告,预计2016年净利润在1000万元至1500万元,后天成控股自行更正公告,预计2016年净利润为-9700万元。天成控股公告的业绩预告差异行为严重违反上市公司信息公开义务,违反了法律规定的信息披露必须真实、准确、完整的原则,属于严重、恶劣的财务造假行为,该行为对投资者作出投资决定有重大影响,属于重大虚假陈述行为。在天成控股自行更正公告后,其股价连续两天跌停。由此可见,天成控股披露的上述事项,已对投资者购买或抛售天成控股股票的意愿产生影响,同时也对该证券的交易价格产生了明显影响。

2. 系统风险认定

《若干规定》第19条规定:"被告举证证明原告具有以下情形的,人民法院应当认定虚假陈述与损害结果之间不存在因果关系……(四)损失或者部分损失是由证券市场系统风险等其他因素所导致……”因系统风险因素所导致的损失与虚假陈述之间不存在因果关系,不应赔偿,应当从计算的投资差额损失中予以剔除。系统风险,是指由于某种全局性的共同因素引起的投资收益的可能变动,这种因素以同样的方式对所有证券的收益产生影响。由于这些因素来自企业外部,是单一证券无法抗拒和回避的,属于不可回避、不可分散的风险。本案天成控股的股票自2017年4月24日更正日起股价下跌明显,至2017年7月6日基准日时股价跌幅达32.45%。天成控股连续两年亏损,股票将于2017年4月27日起被实施退市风险警示。上证综指与天成控股所在WIND一级、二级、三级指数走势基本保持一致,而天成控股自2017年4月24日即更正日起股价下跌明显,至2017年7月6日基准日时股价跌幅达32.45%,而上证大盘指数上涨,其所在证监会门类制造业以及证监会大类电气机械及器材制造行业指数均不同上涨,与天成控股的股价下跌趋势相反,说明股票下跌因素中不存在系统风险。

支持诉讼过程

(一)诉前准备及立案

投服中心获得投资者资料后,于2019年2月25日指派贵州中创联律师事务所张学霖律师作为公益律师担任投资者的诉讼代理人。投服中心支持投资者根据证监会作出的〔2018〕112号《行政处罚决定书》认定的事实,本着“追首恶”的原则,要求追究天成控股财务总监马某某、天成控股董事长王某某的首要赔偿责任。

公益律师经细致地组织证据材料,结合相关法律法规和司法实践,提高相关责任人违法违规成本,以要求马某某、王某某、天成控股共同赔偿投资者经济损失的诉讼请求向贵阳中院提交起诉材料。

(二)一审审理过程及判决

本次支持诉讼公益律师在庭审前已仔细研究了天成控股提交的证据材料,对其可能的答辩观点作了充分分析,形成了完整的代理思路。2019年5月31日,贵阳中院5名法官共同对包括本次支持诉讼案在内的200余个案件进行集中公开开庭审理。在庭审中,三被告辩称天成控股发布的2016年年度业绩预告不具有重大性、股民购买天成控股股票的行为与业绩预告之间不具有因果关系、股价下跌为受系统风险的影响所致,并辩称马某某、王某某不应承担赔偿责任。公益律师依据代理方案逐一明确提出质证意见回应,并提交书面代理意见。2019年8月9日,贵阳中院第二次开庭,对被告提交的补充证据和专家证人进行质证。

2019年9月2日,贵阳中院就本案作出一审判决,判决:被告天成控股、马某某、王某某赔偿投资者损失。

(三)二审审理过程及判决

被告上诉后,投服中心继续支持该投资者参与二审诉讼,本案公益律师继续担任该投资者的二审诉讼代理人。二审期间被告向贵州高院提交了41份证据,拟证明:(1)天成控股的案涉行为不应被认定为虚假陈述行为;(2)本案投资者的损失与案涉虚假陈述行为之间不存在因果关系。公益律师逐一明确提出质证意见回应,并提交书面代理意见和补充代理意见。

2019年12月25日,贵州高院就本案作出二审判决,判决:驳回上诉,维持原判。

案件评析

(一)本案的社会意义

本案中上市公司提前确认收益以提高上市公司年度净利润的虚假记载行为在上市公司(尤其是净利润连续两年为负的上市公司)中具有一定的典型性。① 随着证监会对资本市场信息披露违法行为的打击力度不断加大,投资者提起的证券虚假陈述民事赔偿诉讼越来越多。证券虚假陈述侵权纠纷涉及广大受侵害的中小投资者,中小投资者个人损失金额不大,维护自身合法权益存在取证难、成本高、缺乏法律和专业知识等情形,对于依法维权的热情和信心不足也是重要原因。投服中心作为证监会直接管理的证券金融类公益机构,对于虚假陈述案件可诉性进行预先研判,实现对于资本市场信息披露违法行政处罚情况的全覆盖。投服中心分别从诉讼关键日期确定、重大性、典型性、侵害程度、被告及偿付能力、社会影响效果等多方面论证研判,形成预研报告,并指派公益律师支持诉讼。本案法院审理的争

① 该意见源于投服中心《关于天成控股(600112.SH)的可诉性预研报告》。

议点和判决结果与投服中心的预先研判一致。本次支持诉讼起到了保护中小投资者的示范和引领作用,有利于建立支持诉讼维权的机制,帮助广大中小投资者建立维权信心和维权热情,引领中小投资者依法维权。

(二)公益律师参与支持诉讼的感想

对于上市公司业绩造假的虚假陈述行为,中小投资者有权进行依法维权索赔。上市公司虚假陈述行为的最终实施者是自然人,代表上市公司策划、安排、实施了虚假陈述行为,造成股价下跌明显,投资者损失较大,本着"追首恶"的原则应追究相关责任人的赔偿责任,减轻对上市公司的"二次伤害"。

在司法实践中,投资者尤其是中小投资者存在个人损失金额不大,缺乏法律和专业知识,对于依法维权的热情和信心不足等情形。公益律师需要与其进行充分沟通,对于投资者存在的完整证据认识、赔偿款额度、诉讼时间等问题,进行细致解答。在本案征集的投资者中,存在因依法维权的热情和信心不足、证据无法准备完整等最终未能起诉的投资者。

中小投资者是我国资本市场重要的参与群体,但中小投资者存在受害投资者人数众多、单个受损金额少、信息不对称、收集能力弱、法律和专业知识缺乏、单体维权成本高等问题。随着2020年《证券法》的实施,证券代表人诉讼制度成为现实,公益律师应进一步发挥合力,做好代表人诉讼,增强证券领域中小投资者司法救济效果,以达到保护广大中小投资者权益的目的。

本案律师及律所介绍

张学霖

贵州中创联律师事务所合伙人,毕业于江苏大学机械工程专业。从2003年起从事律师职业以来,曾参与和主持过数十家企业改制、重组、破产以及"新三板"上市、私募投资、债券发行等项目。2018年受聘为投服中心公益律师。

周孟菊

贵州中创联律师事务所律师,毕业于贵州医科大学法学专业,获得法学学士学位。在从事律师实务工作中,代理过多起民事诉讼及非诉讼案件,具有丰富的庭审、谈判经验。

贵州中创联律师事务所

贵州中创联律师事务所是 2004 年由贵州省司法厅直属的 4 个律师事务所整合资源成立的、省内大规模的综合性律师执业机构,以“中创联——客户价值助创人、客户财富守护神”为服务宗旨,以“团结、创新、规范、高效”为管理理念,以“分类管理,分级要求,人尽其才,物尽其用,多模式”为经营管理方式,以建设“规范化、规模化、专业化、现代化、品牌化”律所集团为战略目标。系贵州大学、贵州医科大学等 5 所大学的法学教学科研实习基地。

总所、毕节分所和六盘水分所现有执业律师 80 名,其中,法学博士 4 名,经济学博士 1 名,70% 以上的律师具有硕士学位或者双学位,30% 以上的律师具有警官、检察官、法官、政府官员、国企高管等工作经历,是一支以高素质资深律师和法学教授、法学研究员、项目投资分析师、高级工程师、主任医师、心理咨询师等高级复合型人才为骨干的强力律师团队。律所及所内律师多人、多次被评为司法部、贵州省、省司法厅先进称号。

本案相关行政处罚决定书

中国证监会行政处罚决定书(贵州长征天成控股股份有限公司、王某某、马某某等 5 名责任人员)

〔2018〕112 号

当事人:贵州长征天成控股股份有限公司(以下简称天成控股),住所:(略)。

王某某,男,1971 年 9 月出生,时任天成控股董事长,住址:(略)。

马某某,女,1973 年 4 月出生,时任天成控股财务总监,住址:(略)。

周某某,男,1963 年 12 月出生,时任天成控股总经理,住址:(略)。

黄某某,男,1962 年 10 月出生,时任天成控股副总经理,住址:(略)。

陈某,男,1974 年 11 月出生,时任天成控股董事会秘书,住址:(略)。

依据 2014 年《中华人民共和国证券法》(以下简称 2014 年《证券法》)的有关规定,我会对天成控股信息披露违法违规行为进行了立案调查、审理,并依法向当事人告知了作出行政处罚的事实、理由、依据及当事人依法享有的权利。当事人未提出陈述、申辩意见,也未要求听证。本案现已调查、审理终结。

经查明,当事人存在以下违法事实:

2015 年 12 月 28 日，云南西仪工业股份有限公司（以下简称西仪股份）与天成控股等 30 家承德苏垦银河连杆有限公司（以下简称苏垦银河）的股东签订《关于发行股份购买资产的协议》，西仪股份以发行股份方式购买天成控股等 30 家股东合计持有的苏垦银河 100% 股权。其中，西仪股份向天成控股定向发行 6, 596, 931 股股份置换天成控股持有的苏垦银河 30% 股权（以下简称资产置换事项）。《关于发行股份购买资产的协议》第 10 条第 2 项约定："自标的股权过户至上市公司名下的工商变更登记手续办理完毕之日起，基于标的股权的一切权利义务由上市公司享有和承担。"

2016 年 4 月 30 日，天成控股发布 2015 年年度报告，显示其 2015 年年度合并报表归属于上市公司股东的净利润为负。

2016 年 12 月 29 日，上述发行股份购买资产事项获证监会核准批复。

2016 年 12 月 30 日，承德市市场监督管理局承德高新区分局受理了苏垦银河股权转让事项。

2017 年 1 月 6 日，苏垦银河完成工商变更登记，同日苏垦银河原股东决议同意转让公司股权并修改公司章程，同日苏垦银河新股东决定任命新一届董事会、监事会成员。

2017 年 1 月，天成控股财务部门开始进行利润测算。1 月 20 日左右，财务总监马某某向董事长王某某、董秘陈某汇报了 2016 年利润测算数据。马某某认为，资产置换事项在 2016 年年底已取得证监会批文和工商受理函，苏垦银河董事、监事、高级管理人员也已经换成了西仪股份任命的人员，此次资产置换的风险和收益在 2016 年已完成转移，应将其确认为当年收益。

2017 年 1 月 25 日，王某某主持召开天成控股高管会议，参会人员包括马某某、总经理周某某、副总经理黄某某、陈某。会议讨论决定，天成控股发布 2016 年年度业绩公告：预计 2016 年与上年同期相比将实现扭亏为盈，实现归属于上市公司股东的净利润在 1000 万元至 1500 万元。此次业绩预告未进行董事会决议，未征求独立董事意见。当天，天成控股以董事会公告名义发布了上述 2016 年年度业绩预告。

2017 年 1 月 25 日，中国证券登记结算有限责任公司深圳分公司受理西仪股份定向发行新增股份登记申请。此次定向发行新增股份的性质为有限售条件流通股，上市日期为 2017 年 2 月 22 日。

2017 年 2 月 28 日，天成控股向为公司提供审计服务的瑞华会计师事务所（以下简称瑞华所）提供了合并报表，报表中确认了资产置换事项的投资收益 3387 万元，可弥补亏损确认递延所得税资产 1097 万元。

2017 年 4 月 9 日，瑞华所通过邮件将天成控股的合并报表数据发送给天成控股，这份文件显示天成控股 2016 年合并净利润亏损 9700 万元，其中资产置换事项调减收益 3387.55 万元，冲减递延所得税资产 3158.3 万元。

2017 年 4 月 23 日，天成控股发布 2016 年年度业绩预告更正公告：2016 年实现归属于上市公司股东的净利润由 1000 万元至 1500 万元更正为 –9700 万元。导致业绩预告差异的主要原因如下：(1)冲减递延所得税资产 3663 万元；(2)资产置换事项调减收益 4777.07 万元；(3)计提坏账准备 2074 万元。公告发布后，天成控股股价于 2017 年 4 月 24 日、25 日连续两天跌停。

2017 年 4 月 26 日，天成控股发布 2016 年年度报告。同日，天成控股发布公告称，鉴于天成控股 2015 年、2016 年经审计的净利润为负值，公司股票将于 2017 年 4 月 27 日起被实施退市风险警示。公告发布后，“天成控股”股价于 2017 年 4 月 27 日、28 日连续两天跌停。

以上违法事实，有天成控股情况说明、天成控股公告、《关于发行股份购买资产的协议》、相关人员询问笔录、瑞华所提供的有关材料、情况说明等证据证明，足以认定。

天成控股在本次资产置换事项的收益确认条件尚不具备的情形下，提前确认了资产置换收益，使其 2017 年 1 月 25 日发布的 2016 年年度业绩扭亏为盈公告与实际情况严重不符，违反了 2014 年《证券法》第 63 条的规定，构成第 193 条第 1 款所述的虚假记载行为。

马某某作为天成控股的财务总监，将置换收益确认在 2016 年，为直接负责的主管人员；王某某作为董事长全面负责公司事务，是天成控股扭亏为盈公告发布的主要决策者，为直接负责的主管人员。周某某、黄某某、陈某作为参与决策的董事、高管，对公司业绩预告这一重要信息披露事项未能勤勉尽责，为其他直接责任人员。

根据当事人违法行为的事实、性质、情节与社会危害程度，依据 2014 年《证券法》第 193 条第 1 款的规定，我会决定：

一、对天成控股给予警告，并处以 40 万元的罚款；

二、对王某某、马某某给予警告，并分别处以 10 万元的罚款；

三、对周某某、黄某某、陈某给予警告，并分别处以 3 万元的罚款。

上述当事人应自收到本处罚决定书之日起 15 日内，将罚款汇交证监会（财政汇缴专户），开户银行：中信银行总行营业部，账号××××××××××××××××××××，由该行直接上缴国库。当事人还应将注有其名称的付款凭证复印件送证监会稽查局备案。当事人如果对本处罚决定不服,可在收到本处罚决定书之日起60日内向证监会申请行政复议,也可以在收到本处罚决定书之日起6个月内直接向有管辖权的人民法院提起行政诉讼。复议和诉讼期间,上述决定不停止执行。

中国证监会

2018年11月19日

本案相关判决书

贵州省贵阳市中级人民法院民事判决书

(2019)黔01民初562号

原告:张某,女,(身份信息略)。

委托诉讼代理人:张学霖,贵州中创联律师事务所律师,执业证号:15201200310961105。

委托诉讼代理人:周孟菊,贵州中创联律师事务所律师,执业证号:15201201811065996。

被告:马某某,女,(身份信息略)。系贵州长征天成控股股份有限公司(以下简称长征天成公司)财务总监。

被告:王某某,男,(身份信息略)。系长征天成公司原法定代表人。

被告:长征天成公司,住所地贵州省遵义市。

法定代表人:朱某某。

上述三被告的委托诉讼代理人:刘杰,贵州合敬律师事务所律师,执业证号:15201201010376356。

原告张某与被告马某某、王某某、长征天成公司证券虚假陈述责任纠纷一案,本院于2019年3月29日立案后,依法适用普通程序,公开开庭进行了审理。原告诉讼代理人张学霖、被告马某某、王某某、天成控股诉讼代理人刘某均到庭参加诉讼。本案现已审理终结。

张某向本院提出诉讼请求:(1)请求判令被告长征天成公司赔偿原告张某经济损失46,720.35元,并判令被告马某某、王某某对长征天成公司的赔偿义务承担连带责任;(2)本案的案件受理费等诉讼费用由三被告负担。

事实与理由:2017 年 1 月 25 日,长征天成公司发布 2016 年年度业绩预告公告。该公告发布后,原告张某于 2017 年 3 月 22 日一次性买入长征天成公司的股票,均价为 11.225 元,数量为 10,000,发生金额为 112,250 元。2017 年 4 月 23 日,长征天成公司发布 2016 年年度业绩预告更正公告:2016 年实现归属于上市公司股东的净利润由 1000 万元至 1500 万元更正为 -9700 万元。公告发布后,"天成控股"股价于 2017 年 4 月 24 日、25 日连续两天跌停。2017 年 6 月 15 日,张某以均价为 6.56 元卖出 8000 股,2017 年 11 月 7 日以均价为 7.96 元卖出 2000 股,至 2017 年 7 月 6 日,原告张某持有的"天成控股"的股票均价仅为 6.62 元,相比 2017 年 3 月 3 日买进时原告的直接经济损失为 46,720.35 元,原告的该项损失与被告的虚假陈述行为存在直接的因果关系。2018 年 11 月 19 日,中国证券监督管理委员会(以下简称证监会)对被告马某某、王某某和被告长征天成公司实施的虚假陈述行为进行处罚。2018 年 11 月 28 日,长征天成公司发布关于收到证监会《行政处罚决定书》的公告,确认了马某某作为长征天成公司的财务总监,将置换收益确认在 2016 年,为直接负责的主管人员;王某某作为董事长全面负责公司事务,是长征天成公司扭亏为盈公告发布的主要决策者,为直接负责的主管人员的违法事实。被告长征天成公司的虚假陈述行为给原告造成的经济损失,应承担民事赔偿责任。被告马某某作为长征天成公司的财务总监、王某某作为董事长,符合《最高人民法院关于审理证券市场因虚假陈述引发的民事赔偿案件的若干规定》(以下简称《若干规定》)第 21 条第 2 款规定的情形,应承担连带责任。为此,特向贵院提起诉讼,请求法院依法判决如诉所请。

长征天成公司辩称:(1)本案中,被告长征天成公司于 2017 年 1 月 25 日发布的 2016 年年度业绩预告预计 2016 年与上年同期相比将实现扭亏为盈,实现归属于上市公司股东的净利润在 1000 万元至 1500 万元之间。证监会虽认定为虚假陈述行为,但是被告行为不具有重大性:其一,被告长征天成公司的虚假陈述行为并不能影响投资者的决策;其二,被告长征天成公司的虚假陈述行为并未影响"天成控股"股票的股价,不符合判断"重大性"的标准之一——价格敏感标准;其三,从证监会〔2018〕112 号《行政处罚决定书》可以看出,被告长征天成公司的虚假陈述不具有"重大性";其四,在本案中,关于"重大性"的举证责任应该为原告,但是截至目前从原告所提交的证据上未明确以何种证据证实"重大性",所以,也希望原告及其代理人在举证过程中,清楚地表明以什么证据证实"重大性",明确证据的证明目的;其五,在本案中,被告长征天成公司在发布业绩预告前已经与审计机构进行了充分的沟通；其六，在本案中，被告长征天成公司实际业绩与预测出现差异是因公司与审计机构对相关科目的处理方式存在分歧，实际上属于两个主体之间具有较强主观性的判断分歧。(2)在业绩预告公布后，2017年3月1日，钛矿暴涨作为“天成控股”的利好消息出现，该利好消息直接导致了自2017年3月1日开始，股民购买“天成控股”股票的行为与业绩预告之间没有交易上的因果关系。(3)揭露日(2017年4月23日)后，“天成控股”股价下跌完全是系统风险所致。(4)本案中，(陈述行为与股价)不具有因果关系。(5)本案中，被告的整体思路为本案不具有“重大性”，股价下跌为受系统风险的影响所致，本案应该驳回原告的全部诉讼请求。即便是人民法院要判决被告长征天成公司承担责任，我们仅认可普通加权平均法计算损失，并且人民法院应考虑系统风险影响扣除赔偿比例的问题。

当事人围绕诉讼请求依法提交了证据，本院组织当事人进行了证据交换和质证。

原告张某提交如下证据：

证据一：证券账户查询确认单、证券账户对账单，证明原告是被告的股东，原告投资被告的损失及印花税损失。被告长征天成公司质证称，账户查询确认单不持异议，对账单我方不认可，我们认为不具备重大性。

证据二：被告收到行政处罚书的公告，证明经证监会查证被告的信息披露构成虚假陈述。被告长征天成公司质证称，对于公告的真实性不持异议，但是公告并不能证实长征天成公司的虚假陈述具有重大性。

证据三：《2016年年度业绩预告》《2016年年度业绩预告更正公告》，证明本案的虚假陈述的披露日是2016年3月1日，更正日为2016年4月23日。被告长征天成公司质证称，不持异议。

证据四：2017年4月24日至7月6日交易数据，证明本案的基准日是2017年7月6日，基准价是6.62元，从披露日到基准日具有重大性。被告长征天成公司质证称，该组证据不能达到原告的证明目的。

证据五：2017年4月24日至7月6日上证指数、深圳成指交易数据，证明从更正日到基准日深圳指数呈上涨形势，“天成控股”为下跌状态。被告长征天成公司质证称，“天成控股”为上证指数，深圳指数与其无关，深圳指数确实在上涨，但是“天成控股”所在的板块指数是在下跌的，所以本案应当以电气板块为准。

证据六：原告关于涉案的成交记录，证明原告购买的股票详细信息，本案符合2014年《证券法》第18条规定的情形。被告长征天成公司质证称，以答辩状为准。

证据七:2017年1月26日前后适格交易日股价变动统计,证明案涉的虚假陈述行为影响了市场判断,达到了重大性的标准。被告长征天成公司质证称,根据其所查询的资料显示,区间的增幅是7.6%,天成控股的增幅是0.69%,板块的增幅是2.02%,大盘的增幅是2.01%,从这个侧面反映其虚假陈述并不具备重大性,如果具有重大性,其增幅应该在板块和大盘的增幅情况下上涨更多。而在2017年1月13日到1月25日,其股票跌幅是5.23%,板块的跌幅是2.06%。在这个期间之内其股票的下跌明显是受到了板块下跌的影响,在上涨期间其涨幅明显低于板块的涨幅,故原告的证明目的不能达到,反而证明了其业绩预告不具备重大性。

证据八:2017年4月24日更正日发布的退市警告,证明由于被告的公告导致被告的股票被列入ST股,原因就是被告的虚假陈述。被告长征天成公司质证称,认可该证据的真实性、合法性、关联性,对证明目的有异议,认为关于本案的重大性问题,并不是依靠基准日股票的跌幅来判定,重大性是交易上依靠其公布的股票信息使投资者决策被严重改变,退市的风险是证券市场的一种正常现象,本案中以此为评判标准不存在关联性。

证据九:2017年的ST记录,证明被告的虚假陈述导致连续跌停,具有重大性。被告长征天成公司质证称,"三性"予以认可,对证明目的不予认可。

证据十:上证指数的涨跌幅情况,证明上证大盘是稳定的,"天成控股"的系统性风险并不存在。还有一个证明目的:王某某与马某某应承担连带责任。被告长征天成公司质证称,认可真实性、合法性、关联性,对证明目的不予认可。对于要求王某某与马某某承担责任不予认可。

被告长征天成公司提交如下证据:

证据一:《贵州长征天成控股股份有限公司2016年年度业绩预告》拟证明:在本案中,被告长征天成公司业绩预告仅为初步数据,非经审计数据,存在不确定性。且即使长征天成公司在发布业绩预告前充分征求公司审计机构的意见,亦无法确保年度审计结果出具时,审计机构不会变更其独立判断。鉴于上述原因,长征天成公司已在2017年1月25日发布的《贵州长征天成控股股份有限公司2016年年度业绩预告》中就上述不确定性进行了风险提示:"因公司外部审计尚未结束,以上预告数据仅为初步核算数据,具有不确定性。具体准确的财务数据以本公司正式披露的经审计后的2016年年度报告为准,敬请广大投资者注意投资风险。"原告张某质证,根据上海证券交易所发布上市公司的业绩公告规定,要确保业绩预告与实际情况保持一致,不能有太大差异,但是实际上业绩预告与实际情况存在天壤之别。

证据二:证监会〔2018〕112 号《行政处罚决定书》拟证明:(1)〔2018〕112 号《行政处罚决定书》没有认定被告长征天成公司作出的业绩预告系重大事件的虚假陈述。对比其他的案例,比如:在佛山照明案中,中国证监会广东监管局(以下简称广东证监局)以被告违反 2014 年《证券法》第 63 条、第 65 条、第 66 条、第 67 条、第 193 条等规定作出行政处罚,即广东证监局认定佛山照明的行为构成对重大事件虚假陈述。(2)从该决定书所作出的处罚结果来看,对被告长征天成公司给予警告,并处以 40 万元的罚款;对王某某、马某某给予警告,并分别处以 10 万元的罚款;对周某某、黄某某、陈某给予警告,并分别处以 3 万元的罚款。而根据 2014 年《证券法》第 193 条第 1 款的规定,发行人、上市公司或者其他信息披露义务人未按照规定披露信息,或者所披露的信息有虚假记载、误导性陈述或者重大遗漏的,责令改正,给予警告,并处以 30 万元以上 60 万元以下的罚款。对直接负责的主管人员和其他直接责任人员给予警告,并处以 3 万元以上 30 万元以下的罚款。从法条规定与处罚结果对比,处罚的结果略高于法条规定的最低线,由此也可以推定,〔2018〕112 号《行政处罚决定书》并没有认定被告长征天成公司的虚假陈述行为具有"重大性"。原告张某质证称,认可该证据的"三性",虚假陈述的重大性并不是按照罚款的数额来确定的,被告的业绩预告与实际情况差距是 10 倍,证监会作出行政处罚依据的法律法规与人民法院是一致的,并且被告也没有提出行政复议,被告是认可该处罚决定书的。

证据三:"天成控股"2016 年 12 月 1 日至 2017 年 4 月 21 日成交量 K 线,拟证明:本案中,被告长征天成公司作出业绩预告(实施日)前,以 2016 年 12 月 1 日为起点至 2017 年 2 月 28 日,"天成控股"股票的成交量并无明显变化,甚至从图形可以看出在实施日以前的成交量明显大于实施日之后至 2017 年 3 月 1 日的成交量。原告张某质证称,我不认可该组证据的"三性",看涨的行情是超过看跌的行情,该数据影响了股民的投资意向。被告长征天成公司称,我们的图标是通过东方财富的 APP 下载的,如果对方不予认可的我就要一一举证。

证据四:"天成控股"2017 年 1 月 25 日至 4 月 21 日资金趋势 K 线及统计,拟证明:本案中,被告长征天成公司作出业绩预告(实施日 2017 年 1 月 25 日)后至揭露日(2017 年 4 月 23 日)前,整个资金趋势体现为以卖出力量为主,即便是介入了 2017 年 3 月 1 日的利好情况,资金净流向仍然为 -4.67 亿元。而卖出力量为主从另一个侧面反映出业绩预告并没有改变理性投资者的判断,如果业绩报告对理性投资者造成影响,那么从资金趋势上看应呈现买入力量为主的趋势,而不是以卖出力量为主。原告张某质证称,不认可证据的“三性”,不能证明被告的证明目的。

证据五:“天成控股”2016年12月1日至2017年1月25日K线及统计、“天成控股”2017年1月25日至2月28日K线及统计,拟证明:本案中,自2016年12月1日起至2017年1月25日(实施日)以前,“天成控股”股票的股价一直在每股12.06元(最高)至每股9.90元(最低)之间徘徊,均价为10.84元;自2017年1月25日(实施日)起至2月28日(之所以这里以2017年2月28日作为时间节点,是因为2017年3月1日,钛矿暴涨的利好消息导致“天成控股”的股价大幅上涨,截取2017年2月28日以前的股价进行对比,能客观真实地反映业绩预告发布后股价的变化情况),“天成控股”股票的股价一直在每股10.78元(最高)至每股10.21元(最低)之间徘徊,均价为10.37元(上述价格为收盘价)。原告张某质证称,不认可证据“三性”,不认可被告的证明目的。被告的业绩预告对投资者产生了影响,钛矿的信息不能否定业绩预告对投资者不产生任何影响。

证据六:大成证字(2017)第373号《法律意见书》,与审计机构的聊天记录,拟证明:(1)在本案中,被告长征天成公司在发布业绩预告前已经与审计机构进行了充分的沟通;(2)在本案中,被告长征天成公司实际业绩与预测出现差异是因公司与审计机构对相关科目的处理方式存在分歧,实际上属于两个主体之间具有较强主观性的判断分歧;(3)在业绩预告公布后,钛矿暴涨作为“天成控股”的利好消息出现,该利好消息直接导致了自2017年3月1日开始,股民购买“天成控股”股票的行为与业绩预告之间没有交易上的因果关系。原告张某质证称,不认可该组证据的“三性”,微信聊天记录也不能证明业绩预告的差错是会计师的原因,钛矿的消息只是加强了投资者对预告的信心。

证据七:商务部出具的《企业境外投资证书》商境外投资证第4500201400011号,《贵州长征电气股份有限公司关于公司签署资产置换框架协议暨关联交易公告》及《资产置换协议》,拟证明:被告长征天成公司与关联公司银河天成集团有限公司(以下简称银河天成集团)共计持有香港长城矿业开发有限公司51%的股权,其中被告长征天成公司持有19%,银河天成集团持有32%。香港长城矿业开发有限公司的外方名称为非洲长城矿业控股有限公司,该公司合法拥有莫桑比克赞比西亚省克里马内市矿区编号为5004C的锆钛砂矿的5004C采矿权,该矿中钛铁矿资源量估算为1008.3万吨。

原告张某质证称,认可证据的“三性”,不认可证明目的,时间都是发生在2013年,与银河天成集团的资产置换都是发生在案件事实的3年前,资产置换与本案无关。

证据八:金融界网站股票频道于2017年3月1日上午9时40分公布的《快讯:钛精矿价格暴涨逾2倍,天成控股受益涨停》①,新浪财经于2018年公布的《2017年中国钛矿、钛白粉市场综述》②,拟证明:2017年3月1日出现报道钛矿暴涨的消息,该消息对于"天成控股"股票是利好消息。

证据九:"天成控股"2016年12月1日至2017年4月21日K线图,"天成控股"2016年12月1日至2017年4月21日成交量K线,"天成控股"2016年12月1日至2017年4月21日资金趋势K线,拟证明:通过对比,2017年3月1日利好消息对于股价、资金趋势以及成交量等指标所起的作用远远大于业绩预告所起作用。所以,2017年3月1日以后,投资者购买"天成控股"股票的行为与业绩预告不具有交易上的因果关系。

证据十:"天成控股"2017年1月25日至4月21日K线图,"天成控股"2017年1月25日至4月21日成交量K线,"天成控股"2017年1月25日至4月21日资金趋势K线以及与之对比的"佰利联"2017年1月25日至4月21日K线图,"佰利联"2017年1月25日至4月21日成交量K线,"佰利联"2017年1月25日至4月21日资金趋势K线,"宝钛股份"2017年1月25日至4月21日K线,"宝钛股份"2017年1月25日至4月21日成交量K线,"宝钛股份"2017年1月25日至4月21日资金趋势K线,拟证明:从"佰利联"股票、"宝钛股份"股票的股价K线图、资金趋势K线图、成交量K线图与"天成控股"股票的股价K线图、资金趋势K线图、成交量K线图对比,"天成控股"价格、资金趋势、成交量与以钛矿及相关产品为主的"佰利联"股票、"宝钛股份"股票的图示是一致的。所以,从另一个角度说明,2017年3月1日以后,投资者购买"天成控股"股票的行为与业绩预告不具有交易上的因果关系。关于答辩状中,揭露日(2017年4月23日)后,"天成控股"股价下跌完全是系统风险所致之证据,原告张某质证称,在虚假陈述没有公布之前是趋同的,但是公布之后"天成控股"股票是完全不一致的,其他公司的K线图与本案无关。

证据十一:"天成控股"2017年4月24日至7月6日K线及统计,2017年4月24日至7月6日输配电气板块K线及统计,拟证明:(1)本案中,2017年4月24日,输配

① 《快讯:钛精矿价格暴涨逾2倍,天成控股受益涨停》,载金融界网:http://stock.jrj.com.cn/2017/03/01094022118120.shtml。

② 《2017年中国钛矿、钛白粉市场综述》,载新浪财经网:http://finance.sina.com.cn/money/future/nyzx/2018-01-04/doc-ifyqiwuw6091128.shtml。

电气板块跌幅分别为 3.22%,在此情况下,“天成控股”跌停不足为奇;(2)本案中,从揭露日(2017 年 4 月 23 日)至基准日(2017 年 7 月 6 日),输配电气板块跌幅为 7.13%,“天成控股”跌幅为 29.27%。板块整体趋势是下跌。原告张某质证称,这只能证明虚假陈述对投资者的损失。

证据十二:“天成控股”2016 年 7 月 1 日至 2017 年 7 月 14 日 K 线,拟证明:在相关的一年内,“天成控股”股票处于大盘平均线以下运行,属于弱势股。原告张某质证称,这只能证明虚假陈述对投资者的损失。

根据当事人的陈述和经审查确认的证据,本院认定事实如下:

长征天成公司系一家在上海证券交易所上市的股份有限公司,证券简称为“天成控股”,证券代码为 600112。

2017 年 1 月 25 日晚,长征天成公司发布《贵州长征天成控股股份有限公司 2016 年年度业绩预告》,载明:(1)本期业绩预告情况:第一,业绩预告期间 2016 年 1 月 1 日至 12 月 31 日。第二,业绩预告情况。经财务部门初步测算,预计 2016 年年度经营业绩与上年同期相比,将实现扭亏为盈,实现归属于上市公司股东的净利润在 1000 万元至 1500 万元之间。第三,本次业绩预告未经注册会计师审计。(2)上年同期业绩情况:第一,归属于上市公司股东的净利润:-176,590,955.25 元。第二,每股收益:-0.3468 元。(3)本期业绩预盈的主要原因:一是报告期内公司主营电气设备制造业务取得了较好的增长业绩;二是 2015 年度公司计提了钼镍矿业权资产减值准备,致使利润表现亏损。(4)其他说明事项:因公司外部审计尚未结束,以上预告数据仅为初步核算数据,具有不确定性。具体准确的财务数据以本公司正式披露的经审计后的 2016 年年度报告为准,敬请广大投资者注意投资风险。

2017 年 4 月 23 日晚,长征天成公司发布《贵州长征天成控股股份有限公司 2016 年年度业绩预告更正公告》,载明:(1)其一,业绩预告期间:2016 年 1 月 1 日至 12 月 31 日;其二,前次业绩预告情况,公司于 2017 年 1 月 26 日披露了 2016 年年度业绩预告,经财务部门初步测算,预计 2016 年年度经营业绩与上年同期相比,将实现扭亏为盈,实现归属于上市公司股东的净利润在 1000 万元至 1500 万元之间;其三,更正后的业绩预告情况。经与年审会计师事务所沟通,财务部门再次测算,预计 2016 年年度经营业绩将出现亏损,预计实现归属上市公司股东的净利润为 -9700 万元。(2)上年同期业绩情况。其一,归属于上市公司股东的净利润:-176,590,955.25 元;其二,每股收益:-0.3468 元。(3)业绩预告更正的主要原因……(4)其他说明事项……其三,根据《上海证券交易所股票上市规则》的有关规定，本公司2016年度经审计后的净利润若是亏损，公司将连续两年亏损，公司股票在2016年年度报告披露后将被实施退市风险警示，敬请广大投资者注意投资风险。

2018年11月19日证监会作出的〔2018〕112号《行政处罚决定书》，认定：2017年1月25日，王某某主持召开长征天成公司高管会议，参会人员包括马某某、总经理周某某、副总经理黄某某、陈某。会议讨论决定，长征天成公司发布2016年年度业绩公告：预计2016年与上年同期相比将实现扭亏为盈，实现归属于上市公司股东的净利润在1000万元至1500万元之间。此次业绩预告未进行董事会决议，未征求独立董事意见。当天，长征天成公司以董事会公告名义发布了上述2016年度业绩预告。……长征天成公司在本次资产置换事项的收益确认条件尚不具备的情形下，提前确认了资产置换收益，使其2017年1月25日发布的2016年年度业绩扭亏为盈公告与实际情况严重不符，违反了2014年《证券法》第63条的规定，构成2014年《证券法》第193条第1款所述的虚假记载行为。对长征天成公司及时任相关人员董事长王某某、财务总监马某某、总经理周某某、副总经理黄某某、陈某作出了行政处罚。

另查明，被告长征天成公司并未针对证监会作出的〔2018〕112号《行政处罚决定书》提出行政复议及行政诉讼。

原告、被告均认可：2017年1月26日为虚假陈述实施日；2017年4月24日为更正日。自2017年4月24日至7月6日，“天成控股”股票累计成交量达到其可流通部分100%，2017年7月6日为基准日，基准价为6.62元。

“天成控股”股票更正日2017年4月24日前一交易日2017年4月21日的收盘价为9.77元，2017年4月24日的收盘价为8.79元，4月25日的收盘价为7.91元，4月26日停盘，4月27日收盘价为7.51元，4月28日收盘价为7.13元。张某于2017年1月26日至4月24日相继买入“天成控股”股票，并于2017年4月25日后卖出或持有“天成控股”股票。

另查明，根据证监会官网发布的2017年第二季度上市公司行业分类结果，长征天成公司行业划分属于电气机械及器材制造行业。华创证券公司工作人员用WIND软件统计后得出：更正日2017年4月24日前一个交易日2017年4月21日上证收盘指数为3173.15，基准日2017年7月6日上证收盘指数为3212.44，更正日至基准日期间，沪市A股流通总市值上涨1.24%。更正日2017年4月24日前一个交易日2017年4月21日电气机械及器材制造行业收盘指数为5138.24，基准日2017年7月6日当日收盘指数为5430.36,更正日至基准日期间,电气机械及器械制造行业收盘指数上涨5.69%。更正日2017年4月24日前一个交易日2017年4月21日“天成控股”收盘价为9.77元,基准日2017年7月6日当天“天成控股”收盘价为6.91,更正日至基准日期间,“天成控股”股价下跌29.27%。

同时查明,经本院向贵州省证监局发函咨询“天成控股”所属行业及相关大盘、行业、板块指数及涨跌数据,贵州省证监局回复加盖“上海证券交易所市场监察部数据协查义务章”的协查单两张,载明:“ST天成”所属证监会行业(门类)为制造业,所属证监会行业(大类)为电气机械及器材制造业,所属申万行业(一级)电气设备。上证综合指数2017年4月23日为3173.15,2017年7月6日指数为3212.44,其间上涨1.24%;证监会门类——制造业2017年4月23日指数为3613.57,2017年7月6日指数为3663.54,其间上涨1.38%;证监会大类——电气机械及器材制造业2017年4月23日指数为5138.24,2017年7月6日指数为5430.36,其间上涨5.69%。申万一级电气设备2017年4月23日指数为5723.99,2017年7月6日指数为5442.25,其间下跌4.91%。

另查明,证券公司按交易金额的0.025%的比例收取张某佣金,印花税税率为0.1%。2016年年报显示长征天成公司营业收入598,382,653.22元。

以上事实有《贵州长征天成控股股份有限公司2016年年度业绩预告》、《贵州长征天成控股股份有限公司2016年年度业绩预告更正公告》、〔2018〕112号《行政处罚决定书》、对账单、损失计算表等证据在卷佐证,并经质证,本院予以确认。

本院认为,本案争议焦点如下:(1)关于虚假陈述行为的认定;(2)因果关系认定;(3)关于本案虚假陈述实施日、更正日、基准日、基准价的认定;(4)关于损失范围的认定;(5)系统风险认定。

一、关于虚假陈述行为的认定

(一)虚假记载行为的认定

根据《上海证券交易所股票上市规则》第11.3.1条“上市公司预计年度经营业绩将出现下列情形之一的,应当在会计年度结束后一个月内进行业绩预告,预计中期和第三季度业绩将出现下列情形之一的,可以进行业绩预告:(一)净利润为负值;(二)净利润与上年同期相比上升或者下降50%以上;(三)“实现扭亏为盈”的规定,长征天成公司2015年业绩为亏损,其2016年的业绩如为亏损或是扭亏为盈,均符合应当进行业绩预告的规定。相关责任主体应当对影响业绩的事项予以充分关注,对影响公司业绩的风险谨慎判断,与审计师充分沟通重大事项的会计处理。本案此次业绩预告未进行董事会决议,未征求独立董事意见,长征天成公司以董事会公告名义发布了上述 2016 年年度业绩预告。证监会作出的〔2018〕112 号《行政处罚决定书》已经确认了长征天成公司在 2017 年 1 月 25 日发布的 2016 年年度业绩扭亏为盈公告与实际情况严重不符,违反了 2014 年《证券法》第 63 条的规定,构成 2014 年《证券法》第 193 条第 1 款所述的虚假记载行为。被告长征天成公司及相关责任人员马某某、王某某对证监会对其作出的行政处罚并未提出行政复议及行政诉讼,故本院认定长征天成公司构成了虚假记载行为。

(二)重大事件的认定

对于重大事件的认定,本院认为,重大性标准问题是认定事件是否具有关键价值并构成虚假陈述的基础与核心。判断重大性的标准主要有两个:一是理性投资者决策影响标准;二是价格敏感标准。

第一,关于理性投资者决策影响标准。从事件的性质影响来看,根据《若干规定》第 17 条第 1 款、第 2 款"证券市场虚假陈述,是指信息披露义务人违反证券法律规定,在证券发行或者交易过程中,对重大事件作出违背事实真相的虚假记载、误导性陈述,或者在披露信息时发生重大遗漏、不正当披露信息的行为。对于重大事件,应当结合证券法第五十九条、第六十条、第六十一条、第六十二条、第七十二条及相关规定的内容认定",2014 年《证券法》第 60 条"公司债券上市交易后,公司有下列情形之一的,由证券交易所决定暂停其公司债券上市交易:(一)公司有重大违法行为;(二)公司情况发生重大变化不符合公司债券上市条件;(三)发行公司债券所募集的资金不按照核准的用途使用;(四)未按照公司债券募集办法履行义务;(五)公司最近二年连续亏损",《上海证券交易所股票上市规则》第 13.1.4 条"上市公司股票被实施退市风险警示的,在公司股票简称前冠以'*ST'字样,以区别于其他股票"及第 13.2.1 条"上市公司出现以下情形之一的,本所对其股票实施退市风险警示:(一)最近两个会计年度经审计的净利润连续为负值或者被追溯重述后连续为负值……"的规定,长征天成公司 2015 年的业绩为亏损,如 2016 年的业绩仍然为亏损,"天成控股"股票将会标示 ST,并存在退市的风险。长征天成公司 2016 年的盈亏状况直接关系长征天成公司的退市风险,退市风险是投资者在判断是否考虑投资该公司股票的重要因素。长征天成公司 2016 年的业绩实际为亏损,而长征天成公司在业绩预告中发布 2016 的业绩为盈利,对理性投资者判断该股票的退市风险造成了重大误导。

从事件的定量影响来看,根据《上海证券交易所股票上市规则》第 11.12.2 条

(2014年版,2019年修订后为第11.12.5条)“上市公司出现下列使公司面临重大风险的情形之一时,应当及时向本所报告并披露:(一)发生重大亏损或者遭受重大损失……上述事项涉及具体金额的,比照适用第9.2条的规定”及第9.2条“上市公司发生的交易(提供担保除外)达到下列标准之一的,应当及时披露:(一)交易涉及的资产总额(同时存在账面值和评估值的,以高者为准)占上市公司最近一期经审计总资产的10%以上;(二)交易的成交金额(包括承担的债务和费用)占上市公司最近一期经审计净资产的10%以上,且绝对金额超过1000万元;(三)交易产生的利润占上市公司最近一个会计年度经审计净利润的10%以上,且绝对金额超过100万元;(四)交易标的(如股权)在最近一个会计年度相关的营业收入占上市公司最近一个会计年度经审计营业收入的10%以上,且绝对金额超过1000万元;(五)交易标的(如股权)在最近一个会计年度相关的净利润占上市公司最近一个会计年度经审计净利润的10%以上,且绝对金额超过100万元。上述指标涉及的数据如为负值,取其绝对值计算”的规定,长征天成公司发布的2016年年度业绩预告显示净利润在1000万元到1500万元之间,而业绩更正公告显示净利润为-9700万元,两份公告业绩金额相差达10,700万元,金额巨大。另外,2016年年报显示长征天成公司营业收入598,382,653.22元,其亏损金额97,000,000元占营业收入的比例达16.21%。根据上述规定,应属于重大亏损。综上,长征天成公司业绩预告公布的数据和业绩更正预告公布的数据存在重大差异,从定量的角度来看,该差异对理性投资者考虑投资该股票时构成重大的影响。

第二,价格敏感标准,是指以该事实对于证券价格是否会产生较大影响作为判定其是否具有重大性的标准,通过不实披露行为前后的价格变化可判断其是否构成重大事件。“天成控股”揭露日2017年4月24日前一交易日2017年4月21日的收盘价为9.77元,2017年4月24日的收盘价为8.79元,4月25日的收盘价为7.91元,4月26日停盘,4月27日收盘价为7.51元,4月28日收盘价为7.13元。2017年4月24日长征天成公司发布业绩更正公告后,该股票交易价格连续两个交易日跌幅为10%,ST后连续两个交易日跌幅为5%,连续4个交易日跌停,业绩更正报告发布前后长征天成公司的股价发生巨大变化,由此可知,该事件对股票价格产生了较大的影响。

综上,结合该公司近两年的盈亏状况、退市规则、虚假记载金额、股票价格的波动情况等,并根据《若干规定》第17条第1款、第2款,2014年《证券法》第60条,2014年《上海证券交易所股票上市规则》第11.12.2条、第9.2条,《上市公司信息披露管理办法》第30条规定“发生可能对上市公司证券及其衍生品种交易价格产生较大影响的重大事件，投资者尚未得知时，上市公司应当立即披露，说明事件的起因、目前的状态和可能产生的影响。前款所称重大事件包括……（五）公司发生重大亏损或者重大损失……（二十）因前期已披露的信息存在差错、未按规定披露或者虚假记载，被有关机关责令改正或者经董事会决定进行更正……”及2014年《证券法》第67条“发生可能对上市公司股票交易价格产生较大影响的重大事件，投资者尚未得知时，上市公司应当立即将有关该重大事件的情况向国务院证券监督管理机构和证券交易所报送临时报告，并予公告，说明事件的起因、目前的状态和可能产生的法律后果。下列情况为前款所称重大事件……（五）公司发生重大亏损或者重大损失……”的规定，长征天成公司发布的2016年年度业绩盈利1000万元至1500万元的业绩预告与实际亏损9700万元严重不符，长征天成公司上述虚假记载行为符合重大性标准，应属于重大事件。

（三）虚假陈述行为构成

综上，长征天成公司发布的2016年年度业绩盈利1000万元至1500万元的业绩预告与实际亏损9700万元严重不符，其行为构成虚假记载，亦属于重大事件，根据《若干规定》第17条“证券市场虚假陈述，是指信息披露义务人违反证券法律规定，在证券发行或者交易过程中，对重大事件作出违背事实真相的虚假记载、误导性陈述，或者在披露信息时发生重大遗漏、不正当披露信息的行为。对于重大事件，应当结合证券法第五十九条、第六十条、第六十一条、第六十二条、第七十二条及相关规定的内容认定。虚假记载，是指信息披露义务人在披露信息时，将不存在的事实在信息披露文件中予以记载的行为”的规定及上述认定，长征天成公司发布的2016年年度业绩扭亏为盈公告构成了证券市场虚假陈述，故被告长征天成公司抗辩其行为不具有重大性的主张不能成立。

二、因果关系认定

关于原告所遭受的损失与长征天成公司虚假陈述行为是否存在因果关系问题，2014年《证券法》第63条规定：“发行人、上市公司依法披露的信息，必须真实、准确、完整，不得有虚假记载、误导性陈述或者重大遗漏。”《若干规定》第18条规定：“投资人具有以下情形的，人民法院应当认定虚假陈述与损害结果之间存在因果关系：（一）投资人所投资的是与虚假陈述直接关联的证券；（二）投资人在虚假陈述实施日及以后，至揭露日或者更正日之前买入该证券；（三）投资人在虚假陈述揭露日或者更正日及以后，因卖出该证券发生亏损，或者因持续持有该证券而产生亏损。”在本案中，原告购买的是“天成控股”股票、原告系在虚假陈述实施日及以后至更正日之前买入该股票，并在虚假陈述更正日及以后，卖出或持有该股票而产生亏损。因此，本案的情况符合上述规定第18条的三个要件,即虚假陈述与损害结果之间存在因果关系。

三、关于本案虚假陈述实施日、更正日、基准日、基准价的认定

(一)虚假陈述实施日

被告长征天成公司发布2016年年度业绩预告的时间为2017年1月25日晚,发布公告时股票交易已经停止,原告、被告均认可2017年1月26日为虚假陈述实施日,故认定2017年1月26日为虚假陈述实施日(2017年1月26日当日及以后股票交易计入)。

(二)虚假陈述更正日

《若干规定》第20条第3款规定:"虚假陈述更正日,是指虚假陈述行为人在中国证券监督管理委员会指定披露证券市场信息的媒体上,自行公告更正虚假陈述并按规定履行停牌手续之日。"被告长征天成公司2017年4月23日晚发布《贵州长征天成控股股份有限公司2016年年度业绩预告更正公告》对业绩预告进行更正,发布公告时股票交易已经停止,原告、被告均认可2017年4月24日为虚假陈述更正日,故认定2017年4月24日为虚假陈述更正日(2017年4月24日当日及以后股票交易计入)。

(三)基准日

投资差额损失计算的基准日,根据《若干规定》第33条"投资差额损失计算的基准日,是指虚假陈述揭露或者更正后,为将投资人应获赔偿限定在虚假陈述所造成的损失范围内,确定损失计算的合理期间而规定的截止日期。基准日分别按下列情况确定:(一)揭露日或者更正日起,至被虚假陈述影响的证券累计成交量达到其可流通部分100%之日。但通过大宗交易协议转让的证券成交量不予计算"的规定,自2017年4月24日至7月6日,"天成控股"股票累计成交量达到其可流通部分的100%,原告、被告均认可基准日为2017年7月6日。

(四)基准价的确定

依据《若干规定》第32条之规定,基准价应为"虚假陈述揭露日或者更正日起至基准日期间,每个交易日收盘价的平均价格"。本案虚假陈述的更正日2017年4月24日至基准日2017年7月6日,每个交易日收盘价的平均价格为6.62元。因此,本案虚假陈述的基准价应为6.62元。

四、关于损失范围认定

(一)损失计算公式

现原告投资"天成控股"股票的行为发生于虚假陈述行为实施日至更正日之间,如原告在该期间的证券买入平均价与其卖出平均价或基准价存在亏损差额,就相应的投

资差额损失,被告应承担相应的赔偿责任。关于投资差额损失的计算问题,《若干规定》第30条规定:"虚假陈述行为人在证券交易市场承担民事赔偿责任的范围,以投资人因虚假陈述而实际发生的损失为限。投资人实际损失包括:(一)投资差额损失;(二)投资差额损失部分的佣金和印花税。前款所涉资金利息,自买入至卖出证券日或者基准日,按银行同期活期存款利率计算。"第31条规定:"投资人在基准日及以前卖出证券的,其投资差额损失,以买入证券平均价格与实际卖出证券平均价格之差,乘以投资人所持证券数量计算。"第32条规定:"投资人在基准日之后卖出或者仍持有证券的,其投资差额损失,以买入证券平均价格与虚假陈述揭露日或者更正日起至基准日期间,每个交易日收盘价的平均价格之差,乘以投资人所持证券数量计算。"

依据上述相关规定,投资差额损失的计算总公式为:投资差额损失 =(平均买入价 - 平均卖出价)× 更正日至基准日卖出的可索赔股票的数量 +(平均买入价 - 基准价)× 基准日之后卖出或仍持有的可索赔股票的数量。其中,可索赔股票的总股数 = 实施日至更正日买入股票的总股数 - 实施日至更正日卖出股票的总股数;平均卖出价 = 更正日至基准日卖出的可索赔股票的总金额/更正日至基准日卖出的可索赔股票的数量。关于平均买入价的计算方法,依据《若干规定》第18条、第19条的相关规定,只有在实施日至更正日买入并且未被卖出的股票所产生的投资差额损失才与虚假陈述具有因果关系,才能纳入计算。因此,在计算可索赔股票的平均买入价时,应按照先进先出的原则(先买入的股票也先被卖出)确定可索赔的股票范围,再按照可索赔股票的实际买入价格以加权平均的计算方法计算平均买入价。上述计算方法,符合《若干规定》的相关规定,并且计算简便,应当作为本案平均买入价的计算公式。

张某投资差额损失为:46,580元,计算方法为:(11.23 - 6.56)× 8000 +(11.23 - 6.62)× 2000 = 46,580(元)(计算过程详见计算单)。

(二)关于佣金和印花税损失

佣金和印花税损失的赔偿是与投资差额损失相对应的,与涉案股票是否在更正日之后实际卖出没有直接关系,故被告应按照投资差额损失为基数赔偿原告相应比例的佣金、印花税损失。按证券公司实际收取原告张某佣金比例0.03%及印花税0.1%的比例计算,即佣金损失为13.97元,印花税损失为46.58元,两笔共计60.55元。

(三)关于利息损失

原告自愿放弃该部分利息损失,系对自己民事权利的合法处分,并未违反相关规定,本院予以准许其撤回该项诉请。

五、系统风险认定

关于系统风险,《若干规定》第19条规定:"被告举证证明原告具有以下情形的,人民法院应当认定虚假陈述与损害结果之间不存在因果关系:……(四)损失或者部分损失是由证券市场系统风险等其他因素所导致……"根据上述规定,因系统风险因素所导致的损失与虚假陈述之间不存在因果关系,不应赔偿,应当从计算的投资差额损失中予以剔除。所谓系统风险,是指由于某种全局性的共同因素引起的投资收益的可能变动,这种因素以同样的方式对所有证券的收益产生影响。由于这些因素来自企业外部,是单一证券无法抗拒和回避的,属于不可回避、不可分散的风险。通常而言,系统风险的引发因素包括政治风险、经济风险、社会政治风险等。系统风险主要有以下几种不同的形式:通货膨胀风险、利率风险、汇率风险、宏观经济风险、社会政治风险、市场风险等。由于证券市场的复杂性,相关政治、经济变动等诱因对证券市场是否存在及其影响大小的衡量和认定存在一定的困难。因此,在司法实践中,通常认为以大盘、行业板块等指数的波动情况作为判断系统风险因素是否存在以及影响大小的参考依据。如果在更正日至基准日期间,大盘、行业板块等指数存在大幅同向波动情形,应认定股价的下跌系全部或部分因系统风险所致,与虚假陈述之间不存在因果关系。被告长征天成公司辩称,在东方财富软件平台划分"天成控股"属于输配电器板块,更正日至基准日跌幅达7.13%,申万研究平台划分"天成控股"属于申万一级——电气设备,更正日至基准日跌幅达4.19%,主张应扣除系统风险。因各个券商平台对行业板块划分无统一标准,统计的相关数据的口径不统一,不具权威性,故本院以证监会行业划分标准作为行业认定依据。经查,更正日至基准日"天成控股"股票股价下跌29.27%,而上证大盘指数上涨,其所在证监会门类——制造业以及证监会大类——电气机械及器材制造行业指数均不同上涨,与"天成控股"的股价下跌趋势相反,故本院综合上述指数认定本案股票下跌因素中不存在系统风险。

综上所述,本院依照2014年《证券法》第4条、第63条,《若干规定》第7条、第17条、第18条、第19条、第21条、第30条、第31条、第32条、第33条第1项,以及《民事诉讼法》之规定,经本院审判委员会讨论决定,判决如下:

一、被告长征天成公司、马某某、王某某应于本判决生效之日起十日内赔偿原告张某投资差额损失46,580元,佣金及印花税损失60.55元;

二、被告长征天成公司、马某某、王某某对原告张某承担连带赔偿责任;

三、驳回原告张某的其余诉讼请求。

如果未按本判决指定的期间履行给付金钱义务，应当依照《民事诉讼法》第 253 条之规定，加倍支付迟延履行期间的债务利息。案件受理费 968 元，由被告长征天成公司负担。

如不服本判决，可以在判决书送达之日起 15 日内，向本院递交上诉状，并按照对方当事人或者代表人的人数提出副本，上诉于贵州省高级人民法院。

审 判 长 朱 红
审 判 员 余长智
审 判 员 吴永霞
审 判 员 冯文婷
审 判 员 柳 凡
二〇一九年九月二日
书 记 员 田茂力

贵州省高级人民法院民事判决书

（2019）黔民终 975 号

上诉人（一审被告）：贵州长征天成控股股份有限公司（以下简称天成控股公司），住所地：贵州省遵义市汇川区武汉路×××。

法定代表人：朱某某，该公司董事长。

委托诉讼代理人：夏东霞，北京市金杜律师事务所律师。

委托诉讼代理人：黄一洲，北京市金杜律师事务所律师。

上诉人（一审被告）：王某某，男，（身份信息略），系天成控股公司原法定代表人。

上诉人（一审被告）：马某某，女，（身份信息略），系天成控股公司财务总监。

上述二上诉人委托诉讼代理人：夏东霞，北京市金杜律师事务所律师。

上述二上诉人委托诉讼代理人：范晓，北京市金杜律师事务所实习律师。

被上诉人（一审原告）：张某，女，（身份信息略）。

委托诉讼代理人：周孟菊，贵州中创联律师事务所律师。

委托诉讼代理人：张学霖，贵州中创联律师事务所律师。

上诉人天成控股公司、王某某、马某某因与被上诉人张某证券虚假陈述责任纠纷一案，不服贵州省贵阳市中级人民法院（2019）黔 01 民初 562 号民事判决，向本院提起上诉。本院于 2019 年 11 月 26 日立案后，依法组成合议庭，开庭进行了审理。上诉人天成控股公司委托诉讼代理人夏东霞、黄一洲,王某某、马某某委托诉讼代理人夏东霞,被上诉人张某委托诉讼代理人周孟菊到庭参加诉讼。本案现已审理终结。

天成控股公司、王某某、马某某上诉请求:(1)撤销贵阳市中级人民法院(2019)黔01民初562号民事判决,依法改判驳回被上诉人的全部诉讼请求;(2)本案一审、二审诉讼费用由被上诉人承担。

事实和理由:(1)天成控股公司的信息披露行为不构成虚假陈述:首先,行政处罚不意味着必然成立民事赔偿责任;其次,业绩预告等预测性信息披露具有合理、正当的事实基础,符合会计准则的相关规定,符合行业规定关于预测性信息披露合理、谨慎、客观的要求,不应被认定为虚假记载;最后,即便天成控股公司的案涉行为构成虚假记载,但也不具有重大性:第一,行政处罚并不必然意味着民事责任;第二,虚假记载并非《证券法》所规定的"重大事件";第三,业绩预告发布前后天成控股公司股价并未明显波动,不符合价格敏感标准,不具有重大性;第四,理性投资者决策影响标准是不实信息显著改变了理性投资者本来所依赖的信息合集,虚假陈述的信息将改变理性投资者对现状的整体性认知才具有重大性,本案不符合该标准;第五,天成控股公司在发布业绩预告前已经与审计机构进行了充分的沟通;第六,天成控股公司实际业绩与预测出现差异是因公司与审计机构对相关科目的处理方式存在分歧,实际上属于两个主体之间具有较强主观性的判断分歧。(2)本案虚假陈述与被上诉人交易决策之间不存在因果关系。首先,在业绩预告公布后,2017年3月1日出现钛矿暴涨作为"天成控股"的利好消息出现,该利好消息直接导致了自2017年3月1日开始,股民购买"天成控股"股票的行为与业绩预告之间没有交易上的因果关系;其次,虚假陈述更正日后仍买入案涉股票的投资者,应认定其交易案涉股票的决策与虚假陈述行为之间不存在因果关系。(3)本案存在系统性风险。首先,揭露日(2017年4月23日)后,"天成控股"股价下跌完全是系统风险所致。一审法院依法向贵州省证监局调取了《"ST天成"股票基本情况及相关指数查询数据协查相关指数数据》体现,"天成控股"所在的电气设备板块的涨跌幅为下跌4.91%,后一审法院又认为该数据来源于申万平台,不具有权威性。但是,我们认为不管该数据来源于何种券商平台,既然系贵州省证监局出具的,就具有官方的性质,具有权威性,应予以采信。其次,天成控股公司在更正日至基准日期间发布了多项利空信息,导致其股价大幅下跌,此为非系统性风险因素的影响,应当予以剔除。(4)关于上市公司董监高责任的认定:首先,根据2014年《证券法》及司法解释的规定,董监高有证据证明其无过错的,在虚假陈述责任纠纷诉讼中应予免责;其次,民事责任更强调主观状态，行政处罚上董监高存在过错，但不一定意味着民事法上其应当承担责任；再次，本案一审法院并未对王某某、马某某是否勤勉尽责进行审查与认定，属于认定事实不清，一审判决依法应予撤销；最后，王某某、马某某作为天成控股公司高管，已经勤勉尽责，对天成控股案涉业绩预告行为不负有过错，不应被认定为承担连带责任。

张某辩称，一审判决认定事实清楚，适用法律正确。(1)关于虚假陈述行为及重大性问题，业绩预告已经被证监会的行政处罚确定为虚假陈述，这是不争的事实。会议纪要也确定，如果说是监管部门所作的行政处罚，便具有重大性。上诉人在没有进行行政复议或者行政诉讼，实际上是认可了证监会的行政处罚。其现在来否定业绩预告不是虚假陈述行为，不具有重大性是没有法律依据的，且其在一审中已经承认了该行为系虚假陈述行为。(2)证券市场上“业绩变脸”是一个欺诈投资者的惯用伎俩，就是说从开始业绩预告是预计盈利，然后到两三个月甚至更短的时间内就是业绩预亏，给股民造成了非常巨大的损失，这是客观的事实。上诉人它的业绩预盈是在1000万元到1500万元，但是他的预计亏损真正的业绩变更已经变成9700万元，相差超过1亿元。(3)即便是业绩预告也需要一个合理的依据。上诉人业绩预告显然是没有一个合理的依据，否则不会相差到将近1亿元。(4)关于因果关系，只要存在虚假陈述行为，那么就必然会导致股价存在一种虚高的状态。而根据司法解释的规定，投资者如果说是在虚假陈述，也尤其是在业绩预告的实施，实施业绩预告发布后，也就是虚假陈述的实施日之后，到这个月业绩预告的更正日也就是虚假陈述的揭露日之间购买了上诉人的股票，并且在揭露之后卖出或者持有导致的亏损，就属于上诉人的虚假陈述行为，有因果关系，所以本案在证监会的行政处罚已经确定为虚假陈述的前提，投资者在实施日跟揭露日之间买入上诉人股票，应该认定为投资损失，投资者的投资损失与上诉人的虚假陈述行为就具有因果关系，只要被上诉人存在虚假陈述行为，那么就必然会导致股价存在一种虚高的状态。而被上诉人即便是在不知情的情况下以虚高的价格买入股票，其损失也与虚假陈述行为有关。(5)关于系统性风险，一审法院已经调取了WIND的数据，通过这个数据显示上诉人在本案的虚假陈述行为，从揭露日之后，就不存在系统性风险。(6)关于王某某、马某某的责任问题，〔2018〕112号《行政处罚决定书》确认了马某某作为天成控股公司的财务总监，将置换收益确认在2016年，为直接负责的主管人员，王某某作为董事长全面负责公司事务，是天成控股公司扭亏为盈公告发布的决策者，为直接负责的主管人员，《最高人民法院关于审理证券市场因虚假陈述引发的民事赔偿案件的若干规定》(以下简称《若干规定》)第 21 条第 2 款规定:“发行人、上市公司负有连带责任的董事、监事和经理等高级管理人员对前款的损失承担连带赔偿责任。……”因此,王某某作为天成控股公司董事长、马某某作为财务总监,符合《若干规定》第 21 条第 2 款规定,应承担连带责任。

张某向一审法院起诉请求:(1)判令天成控股公司赔偿张某经济损失 46,720.35 元,并判令马某某、王某某对天成控股公司的赔偿义务承担连带责任;(2)本案的案件受理费等诉讼费用由天成控股公司、王某某、马某某承担。

一审法院认定事实:天成控股公司系一家在上海证券交易所上市的股份有限公司,证券简称为“天成控股”,证券代码为 600112。

2017 年 1 月 25 日晚,天成控股公司发布《贵州长征天成控股股份有限公司 2016 年年度业绩预告》,载明:(1)本期业绩预告情况。首先,业绩预告期间 2016 年 1 月 1 日至 12 月 31 日。其次,业绩预告情况。经财务部门初步测算,预计 2016 年年度经营业绩与上年同期相比,将实现扭亏为盈,实现归属于上市公司股东的净利润在 1000 万元至 1500 万元之间。最后,本次业绩预告未经注册会计师审计。(2)上年同期业绩情况。首先,归属于上市公司股东的净利润: -176,590,955.25 元。其次,每股收益: -0.3468 元。(3)本期业绩预盈的主要原因:一是报告期内公司主营电气设备制造业务取得了较好的增长业绩;二是 2015 年度公司计提了钼镍矿业权资产减值准备,致使利润表现亏损。(4)其他说明事项:因公司外部审计尚未结束,以上预告数据仅为初步核算数据,具有不确定性。具体准确的财务数据以本公司正式披露的经审计后的 2016 年年度报告为准,敬请广大投资者注意投资风险。

2017 年 4 月 23 日晚,天成控股公司发布《贵州长征天成控股股份有限公司 2016 年年度业绩预告更正公告》,载明:(1)本期业绩预告情况。首先,业绩预告期间:2016 年 1 月 1 日至 12 月 31 日。其次,前次业绩预告情况,公司于 2017 年 1 月 26 日披露了 2016 年年度业绩预告,经财务部门初步测算,预计 2016 年年度经营业绩与上年同期相比,将实现扭亏为盈,实现归属于上市公司股东的净利润在 1000 万元至 1500 万元之间。最后,更正后的业绩预告情况。经与年审会计师事务所沟通,财务部门再次测算,预计 2016 年年度经营业绩将出现亏损,预计实现归属上市公司股东的净利润为 -9700 万元。(2)上年同期业绩情况。首先,归属于上市公司股东的净利润: -176,590,955.25 元。其次,每股收益: -0.3468 元。(3)业绩预告更正的主要原因……(4)其他说明事项……根据《上海证券交易所股票上市规则》的有关规定,本公司 2016 年年度经审计后的净利润若是亏损，公司将连续两年亏损，公司股票在 2016 年年度报告披露后将被实施退市风险警示，敬请广大投资者注意投资风险。

2018 年 11 月 19 日证监会作出的〔2018〕112 号《行政处罚决定书》，认定：2017 年 1 月 25 日，王某某主持召开天成控股公司高管会议，参会人员包括马某某、总经理周某某、副总经理黄某某、陈某。会议讨论决定，天成控股公司发布 2016 年年度业绩公告：预计 2016 年与上年同期相比将实现扭亏为盈，实现归属于上市公司股东的净利润在 1000 万元至 1500 万元之间。此次业绩预告未进行董事会决议，未征求独立董事意见。当天，天成控股公司以董事会公告名义发布了上述 2016 年年度业绩预告。……天成控股公司在本次资产置换事项的收益确认条件尚不具备的情形下，提前确认了资产置换收益，使其 2017 年 1 月 25 日发布的 2016 年年度业绩扭亏为盈公告与实际情况严重不符，违反了 2014 年《证券法》第 63 条的规定，构成 2014 年《证券法》第 193 条第 1 款所述的虚假记载行为。对天成控股公司及时任相关人员董事长王某某、财务总监马某某、总经理周某某、副总经理黄某某、陈某作出了行政处罚。

另查明，天成控股公司并未针对证监会作出的〔2018〕112 号《行政处罚决定书》提出行政复议及行政诉讼。

张某、天成控股公司均认可：2017 年 1 月 26 日为虚假陈述实施日；2017 年 4 月 24 日为更正日。自 2017 年 4 月 24 日至 7 月 6 日，“天成控股”股票累计成交量达到其可流通部分的 100%，2017 年 7 月 6 日为基准日，基准价为 6.62 元。

“天成控股”股票更正日 2017 年 4 月 24 日前一交易日 2017 年 4 月 21 日的收盘价为 9.77 元，2017 年 4 月 24 日的收盘价为 8.79 元，4 月 25 日的收盘价为 7.91 元，4 月 26 日停盘，4 月 27 日收盘价为 7.51 元，4 月 28 日收盘价为 7.13 元。张某于 2017 年 1 月 26 日至 4 月 24 日相继买入“天成控股”股票，并于 2017 年 4 月 25 日后卖出或持有“天成控股”股票。

另查明：证监会官网发布 2017 年第二季度上市公司行业分类结果，天成控股公司行业划分属于电气机械及器材制造行业。通过华创证券公司工作人员用 WIND 软件统计：更正日 2017 年 4 月 24 日前一个交易日 2017 年 4 月 21 日的上证收盘指数为 3173.15，基准日 2017 年 7 月 6 日上证收盘指数为 3212.44，更正日至基准日期间，沪市 A 股流通总市值上涨 1.24%。更正日 2017 年 4 月 24 日前一个交易日 2017 年 4 月 21 日电气机械及器材制造行业收盘指数为 5138.24，基准日 2017 年 7 月 6 日当日收盘指数为 5430.36，更正日至基准日期间，电气机械及器械制造行业收盘指数上涨 5.69%。

更正日 2017 年 4 月 24 日前一个交易日 2017 年 4 月 21 日“天成控股”的收盘价为 9.77 元,基准日 2017 年 7 月 6 日当天“天成控股”收盘价为 6.91,更正日至基准日期间,“天成控股”股价下跌 29.27%。

同时查明,经一审法院向贵州省证监局发函咨询天成控股公司所属行业及相关大盘、行业、板块指数及涨跌数据,贵州省证监局回复加盖“上海证券交易所市场监察部数据协查义务章”的协查单两张,载明:“ST 天成”所属证监会行业(门类)为制造业,所属证监会行业(大类)为电气机械及器材制造业,所属申万行业(一级)电气设备。上证综合指数 2017 年 4 月 23 日为 3173.15,2017 年 7 月 6 日指数为 3212.44,其间上涨 1.24%;证监会门类——制造业 2017 年 4 月 23 日指数为 3613.57,2017 年 7 月 6 日指数为 3663.54,其间上涨 1.38%;证监会大类——电气机械及器材制造业 2017 年 4 月 23 日指数为 5138.24,2017 年 7 月 6 日指数为 5430.36,其间上涨 5.69%。申万一级电气设备 2017 年 4 月 23 日指数为 5723.99,2017 年 7 月 6 日指数为 5442.25,其间下跌 4.91%。

另查明,证券公司按交易金额的 0.025% 的比例收取张某佣金,印花税税率为 0.1%。2016 年年报显示天成控股公司营业收入 598,382,653.22 元。

一审法院认为,本案争议焦点如下:(1)虚假陈述行为如何认定。(2)因果关系如何认定。(3)本案虚假陈述实施日、更正日、基准日、基准价如何认定。(4)损失范围如何认定。(5)系统风险如何认定。

一、关于虚假陈述行为的认定问题

(一)虚假记载行为的认定

根据《上海证券交易所股票上市规则》第 11.3.1 条“上市公司预计年度经营业绩将出现下列情形之一的,应当在会计年度结束后一个月内进行业绩预告,预计中期和第三季度业绩将出现下列情形之一的,可以进行业绩预告:(一)净利润为负值;(二)净利润与上年同期相比上升或者下降 50% 以上;(三)实现扭亏为盈”的规定,天成控股公司 2015 年业绩为亏损,其 2016 年的业绩如为亏损或是扭亏为盈,均符合应当进行业绩预告的规定。一审法院认为,针对公布的业绩预告,相关责任主体应当对影响业绩的事项予以充分关注,对影响公司业绩的风险谨慎判断,与审计师对重大事项的会计处理进行充分沟通,且符合信息披露相关管理制度。天成控股公司的《信息披露事务管理制度》第 50 条规定:“董事会秘书负责办理公司的信息对外披露相关事宜。除监事会公告外,公司披露的信息应当以董事会公告的形式发布。董事、监事、高级管理人员未经董事会书面授权，不得对外公布公司未披露信息。”而天成控股公司发布的2016年年度业绩预告未经董事会决议，亦未征求独立董事意见即以董事会公告名义发布，结合证监会作出的〔2018〕112号《行政处罚决定书》已经确认了天成控股公司在2017年1月25日发布的2016年年度业绩扭亏为盈公告与实际情况严重不符，违反了2014年《证券法》第63条的规定，构成2014年《证券法》第193条第1款所述的虚假记载行为，以及天成控股公司对证监会对其作出的行政处罚并未提出复议及行政诉讼的事实，一审法院据此认定天成控股公司之涉诉行为构成了虚假记载行为。

（二）重大事件的认定

对于重大事件的认定，一审法院认为，重大性标准问题是认定事件是否具有关键价值并构成虚假陈述的基础与核心，判断重大性的标准主要有两个：一是理性投资者决策影响标准，二是价格敏感标准。

第一，关于理性投资者决策影响标准。从事件的性质影响来看，根据《若干规定》第17条第1款、第2款“证券市场虚假陈述，是指信息披露义务人违反证券法律规定，在证券发行或者交易过程中，对重大事件作出违背事实真相的虚假记载、误导性陈述，或者在披露信息时发生重大遗漏、不正当披露信息的行为。对于重大事件，应当结合证券法第五十九条、第六十条、第六十一条、第六十二条、第七十二条及相关规定的内容认定”，2014年《证券法》第60条“公司债券上市交易后，公司有下列情形之一的，由证券交易所决定暂停其公司债券上市交易：（一）公司有重大违法行为；（二）公司情况发生重大变化不符合公司债券上市条件；（三）公司债券所募集资金不按照核准的用途使用；（四）未按照公司债券募集办法履行义务；（五）公司最近二年连续亏损”，《上海证券交易所股票上市规则》第13.1.4条“上市公司股票被实施退市风险警示的，在公司股票简称前冠以‘＊ST’字样，以区别于其他股票”以及第13.2.1条“上市公司出现以下情形之一的，本所对其股票实施退市风险警示：（一）最近两个会计年度经审计的净利润连续为负值或者被追溯重述后连续为负值”的规定，天成控股公司的2015年业绩为亏损，如2016年的业绩仍然为亏损，“天成控股”股票将会标示ST，并存在退市的风险。天成控股公司2016年的盈亏状况直接关系天成控股公司的退市风险，退市风险是投资者在判断是否考虑投资该公司股票的重要因素。天成控股公司2016年的业绩实际为亏损，而天成控股公司在业绩预告中发布2016年的业绩为盈利，对理性投资者判断该股票的退市风险造成重大误导。

从事件的定量影响来看，根据《上海证券交易所股票上市规则》第11.12.2条

(2014年版,2019年修订后为第11.12.5条)“上市公司出现下列使公司面临重大风险的情形之一时,应当及时向本所报告并披露:(一)发生重大亏损或者遭受重大损失……上述事项涉及具体金额的,比照适用第9.2条的规定”及第9.2条“上市公司发生的交易(提供担保除外)达到下列标准之一的,应当及时披露:(一)交易涉及的资产总额(同时存在账面值和评估值的,以高者为准)占上市公司最近一期经审计总资产的10%以上;(二)交易的成交金额(包括承担的债务和费用)占上市公司最近一期经审计净资产的10%以上,且绝对金额超过1000万元;(三)交易产生的利润占上市公司最近一个会计年度经审计净利润的10%以上,且绝对金额超过100万元;(四)交易标的(如股权)在最近一个会计年度相关的营业收入占上市公司最近一个会计年度经审计营业收入的10%以上,且绝对金额超过1000万元;(五)交易标的(如股权)在最近一个会计年度相关的净利润占上市公司最近一个会计年度经审计净利润的10%以上,且绝对金额超过100万元。上述指标涉及的数据如为负值,取其绝对值计算”的规定,天成控股公司发布2016年业绩预告显示净利润为1000万元到1500万元之间,而业绩更正公告显示净利润为-9700万元,两份公告业绩金额相差达10,700万元,金额巨大。另外,2016年年报显示天成控股公司营业收入598,382,653.22元,其亏损金额97,000,000元占营业收入的比例达16.21%。根据上述规定,应属于重大亏损。综上,天成控股公司业绩预告公布的数据和业绩更正预告公布的数据存在重大差异,从定量的角度对理性投资者考虑投资该股票时构成重大的影响。

第二,价格敏感标准,是指以该事实对于证券价格是否会产生较大影响作为判定其是否具有重大性的标准,通过不实披露行为前后的价格变化可判断其是否构成重大事件。“天成控股”揭露日2017年4月24日前一交易日2017年4月21日的收盘价为9.77元,2017年4月24日的收盘价为8.79元,4月25日的收盘价为7.91元,4月26日停盘,4月27日收盘价为7.51元,4月28日收盘价为7.13元。2017年4月24日天成控股公司发布《业绩更正公告》后,该股票交易价格连续两个交易日跌幅10%,ST后连续两个交易日跌幅5%,连续4个交易日跌停,业绩更正报告发布前后“天成控股”的股价发生巨大变化,由此可知,该事件对股票价格产生了较大的影响。

综上,结合公司近两年的盈亏状况、退市规则、虚假记载金额、股票价格的波动情况等,并根据《若干规定》第17条第1款、第2款,2014年《证券法》第60条,《上海证券交易所股票上市规则》第11.12.2条、第9.2条,《上市公司信息披露管理办法》第30条

"发生可能对上市公司证券及其衍生品种交易价格产生较大影响的重大事件,投资者尚未得知时,上市公司应当立即披露,说明事件的起因、目前的状态和可能产生的影响。前款所称重大事件包括……(五)公司发生重大亏损或者重大损失……(二十)因前期已披露的信息存在差错、未按规定披露或者虚假记载,被有关机关责令改正或者经董事会决定进行更正"以及 2014 年《证券法》第 67 条"发生可能对上市公司股票交易价格产生较大影响的重大事件,投资者尚未得知时,上市公司应当立即将有关该重大事件的情况向国务院证券监督管理机构和证券交易所报送临时报告,并予公告,说明事件的起因、目前的状态和可能产生的法律后果。下列情况为前款所称重大事件……(五)公司发生重大亏损或者重大损失"的规定,天成控股公司发布的 2016 年年度业绩盈利 1000 万元至 1500 万元的业绩预告与实际亏损 9700 万元严重不符,天成控股公司上述虚假记载行为符合重大性标准,应属于重大事件。

(三)虚假陈述行为构成

综上,天成控股公司发布的 2016 年年度业绩盈利 1000 万元至 1500 万元的业绩预告与实际亏损 9700 万元严重不符,其行为构成虚假记载,亦属于重大事件,根据《若干规定》第 17 条"证券市场虚假陈述,是指信息披露义务人违反证券法律规定,在证券发行或者交易过程中,对重大事件作出违背事实真相的虚假记载、误导性陈述,或者在披露信息时发生重大遗漏、不正当披露信息的行为。对于重大事件,应当结合证券法第五十九条、第六十条、第六十一条、第六十二条、第七十二条及相关规定的内容认定。虚假记载,是指信息披露义务人在披露信息时,将不存在的事实在信息披露文件中予以记载的行为"的规定及上述认定,天成控股公司发布的 2016 年年度业绩扭亏为盈公告构成了证券市场虚假陈述,故天成控股公司抗辩其行为不具有重大性的主张不能成立。

二、因果关系认定

张某所遭受的损失与天成控股公司虚假陈述行为是否存在因果关系。2014 年《证券法》第 63 条规定:"发行人、上市公司依法披露的信息,必须真实、准确,不得有虚假记载、误导性陈述或者重大遗漏。"《若干规定》第 18 条规定:"投资人具有以下情形的,人民法院应当认定虚假陈述与损害结果之间存在因果关系:(一)投资人所投资的是与虚假陈述直接关联的证券;(二)投资人在虚假陈述实施日及以后,至揭露日或者更正日之前买入该证券;(三)投资人在虚假陈述揭露日或者更正日及以后,因卖出该证券发生亏损,或者因持续持有该证券而产生亏损。"在本案中,张某购买的是"天成控股"

股票,张某系在虚假陈述实施日及以后至更正日之前买入该股票,并在虚假陈述更正日及以后,卖出或持有该股票而产生亏损。因此,本案的情况符合上述规定第18条的3个要件,即虚假陈述与损害结果之间存在因果关系。

三、关于本案虚假陈述实施日、更正日、基准日、基准价的认定

(一)虚假陈述实施日

天成控股公司发布2016年年度业绩预告的时间为2017年1月25日晚,发布公告时股票交易已经停止,张某、天成控股公司均认可2017年1月26日为虚假陈述实施日,故认定2017年1月26日为虚假陈述实施日(2017年1月26日当日及以后股票交易计入)。

(二)虚假陈述更正日

《若干规定》第20条规定:"虚假陈述更正日,是指虚假陈述行为人在中国证券监督管理委员会指定披露证券市场信息的媒体上,自行公告更正虚假陈述并按规定履行停牌手续之日。"天成控股公司2017年4月23日晚发布的《贵州长征天成控股股份有限公司2016年年度业绩预告更正公告》对业绩预告进行更正,发布公告时股票交易已经停止,张某、天成控股公司均认可2017年4月24日为虚假陈述更正日,故认定2017年4月24日为虚假陈述更正日(2017年4月24日当日及以后股票交易计入)。

(三)基准日

投资差额损失计算的基准日,根据《若干规定》第33条"投资差额损失计算的基准日,是指虚假陈述揭露或者更正后,为将投资人应获赔偿限定在虚假陈述所造成的损失范围内,确定损失计算的合理期间而规定的截止日期。基准日分别按下列情况确定:(一)揭露日或者更正日起,至被虚假陈述影响的证券累计成交量达到其可流通部分100%之日。但通过大宗交易协议转让的证券成交量不予计算"的规定,2017年4月24日至7月6日,"天成控股"股票累计成交量达到其可流通部分100%,张某、天成控股公司均认可基准日为2017年7月6日。

(四)基准价的确定

依据《若干规定》第32条之规定,基准价应为"虚假陈述揭露日或者更正日起至基准日期间,每个交易日收盘价的平均价格"。本案虚假陈述的更正日2017年4月24日至基准日7月6日期间,每个交易日的收盘价的平均价格为6.62元。因此,本案虚假陈述的基准价应为6.62元。

四、关于损失范围认定

（一）损失计算公式

现张某投资“天成控股”股票的行为发生于虚假陈述行为实施日至更正日之间，如张某在该期间的证券买入平均价与其卖出平均价或基准价存在亏损差额的，就相应的投资差额损失，天成控股公司应承担相应的赔偿责任。关于投资差额损失的计算问题，《若干规定》第30条规定：“虚假陈述行为人在证券交易市场承担民事赔偿责任的范围，以投资人因虚假陈述而实际发生的损失为限。投资人实际损失包括：（一）投资差额损失；（二）投资差额损失部分的佣金和印花税。前款所涉资金利息，自买入至卖出证券日或者基准日，按银行同期活期存款利率计算。”第31条规定：“投资人在基准日及以前卖出证券的，其投资差额损失，以买入证券平均价格与实际卖出证券平均价格之差，乘以投资人所持证券数量计算。”第32条规定：“投资人在基准日之后卖出或者仍持有证券的，其投资差额损失，以买入证券平均价格与虚假陈述揭露日或者更正日起至基准日期间，每个交易日收盘价的平均价格之差，乘以投资人所持证券数量计算。”

依据上述相关规定，投资差额损失的计算总公式为：投资差额损失 =（平均买入价 - 平均卖出价）× 更正日至基准日期间卖出的可索赔股票的数量 +（平均买入价 - 基准价）× 基准日之后卖出或仍持有的可索赔股票的数量。其中，可索赔股票的总股数 = 实施日至更正日期间买入股票的总股数 - 实施日至更正日期间卖出股票的总股数；平均卖出价 = 更正日至基准日期间卖出的可索赔股票的总金额/更正日至基准日期间卖出的可索赔股票的数量。关于平均买入价的计算方法，依据《若干规定》第18条、第19条的相关规定，只有在实施日至更正日期间买入并且未被卖出的股票所产生的投资差额损失才与虚假陈述具有因果关系，才能纳入计算。因此，在计算可索赔股票的平均买入价时，应按照先进先出的原则（先买入的股票也先被卖出）确定可索赔的股票范围，再按照可索赔股票的实际买入价格以加权平均的计算方法计算平均买入价。上述计算方法，符合《若干规定》的相关规定，并且计算简便，应当作为本案平均买入价的计算公式。

张某投资差额损失为：46,580元，计算方法为：（11.23 - 6.56）×8000 +（11.23 - 6.62）×2000 = 46,580（元）。

（二）关于佣金和印花税损失

佣金和印花税损失的赔偿是与投资差额损失相对应的，与涉案股票是否在更正日之后实际卖出没有直接关系，故天成控股公司应按照投资差额损失为基数赔偿张某相应比例的佣金、印花税损失。按证券公司实际收取张某佣金比例 0.03% 及印花税 0.1% 的比例计算,即佣金损失为 13.97 元,印花税损失为 46.58 元,两笔共计 60.55 元。

关于利息损失。张某自愿放弃该部分利息损失,系对自己民事权利的合法处分,并未违反相关规定,一审法院予以准许其撤回该项诉请。

五、系统风险认定

关于系统风险,《若干规定》第 19 条规定:“被告举证证明原告具有以下情形的,人民法院应当认定虚假陈述与损害结果之间不存在因果关系:损失或者部分损失是由证券市场系统风险等其他因素所导致……”根据上述规定,因系统风险因素所导致的损失与虚假陈述之间不存在因果关系,不应赔偿,应当从计算的投资差额损失中予以剔除。所谓系统风险,是指由于某种全局性的共同因素引起的投资收益的可能变动,这种因素以同样的方式对所有证券的收益产生影响。由于这些因素来自企业外部,是单一证券无法抗拒和回避的,属于不可回避、不可分散的风险。通常而言,系统风险的引发因素包括政治风险、经济风险、社会政治风险等。系统风险主要有以下几种不同的形式:通货膨胀风险、利率风险、汇率风险、宏观经济风险、社会政治风险、市场风险等。由于证券市场的复杂性,相关政治、经济变动等诱因对证券市场是否存在及其影响大小的衡量和认定存在一定的困难。因此,在司法实践中,通常认为以大盘、行业板块等指数的波动情况作为判断系统风险因素是否存在以及影响大小的参考依据。如果在更正日至基准日期间,大盘、行业板块等指数存在大幅同向波动情形的,应认定股价的下跌系全部或部分因系统风险所致,与虚假陈述之间不存在因果关系。天成控股公司辩称在东方财富软件平台划分“天成控股”属于输配电器板块,在更正日至基准日期间跌幅达 7.13%,申万研究平台划分“天成控股”属于申万行业一级——电气设备,更正日至基准日期间跌幅达 4.19%,主张应扣除系统风险。因各个券商平台对行业板块划分无统一标准,统计的相关数据的口径不统一,不具权威性,故一审法院以证监会划分标准作为行业认定依据。经查,在更正日至基准日期间上证综合指数上涨 1.24%,证监会门类——制造业指数上涨 1.38%,证监会大类——电气机械及器材制造业指数上涨 5.69%,“天成控股”股票在此期间股价下跌 29.27%。由此可见,上证综合指数上涨,“天成控股”所在证监会门类——制造业以及证监会大类——电气机械及器材制造行业指数均不同幅度上涨,与“天成控股”的股价大幅下跌趋势相反,故一审法院综合上述指数认定本案股票下跌因素中不存在系统风险。

综上所述,一审法院依照2014年《证券法》第4条、第63条,《若干规定》第7条、第17条、第18条、第19条、第30条、第31条、第32条、第33条第1项,以及《民事诉讼法》第64条和第152条之规定,判决:

一、被告天成控股公司、马某某、王某某应于本判决生效之日起十日内赔偿原告张某投资差额损失46,580元,佣金及印花税损失60.55元;

二、被告天成控股公司、马某某、王某某对原告张某承担连带赔偿责任;

三、驳回原告张某的其余诉讼请求。

如果未按本判决指定的期间履行给付金钱义务,应当依照《民事诉讼法》第253条之规定,加倍支付迟延履行期间的债务利息。案件受理费968元,由被告天成控股公司负担。

本院二审期间,天成控股公司向本院提交了两组证据。

证据一:(1)《虚假陈述司法解释理解与适用》;(2)《关于发行股份购买资产的协议》;(3)证监会下发的《关于核准云南西仪工业股份有限公司发行股份购买资产并募集配套资金的批复》;(4)关于发行股份购买资产并募集配套资金获得证监会核准批复的公告;(5)苏垦银河新股东西仪股份任命其第一届董事会、监事会成员的文件;(6)承德市市场监督管理局承德高新区分局受理苏垦银河股权转让变更事项文件;(7)苏垦银河企业信用信息报告;(8)天成控股公司关于资产处置收益确认年度的说明;(9)2016年11月24日审计机构人员到遵义与公司进行初步沟通的机票;(10)2016年11月24日年审前与审计机构沟通会议备忘录;(11)2016年12月7日至2017年1月9日审计机构人员到遵义的机票;(12)2017年1月23日天成控股公司王某某、陈某飞往审计机构深圳办公室的机票;(13)天成控股公司关于《上海证券交易所关于拟对贵州长征天成控股股份有限公司及有关责任人予以公开谴责的通知》的回复;(14)《天成控股关于补充证据的说明》;(15)关于对《上海证券交易所关于拟对贵州长征天成控股股份有限公司及有关责任人予以公开谴责的通知》回复涉及的证明材料的说明;(16)2017年1月25日上午《天成控股高管会议纪要》;(17)2017年4月13日、22日《天成控股高管会议纪要》;(18)《关于2016年业绩预告的说明》;(19)《关于遵义县天一工贸有限责任公司的情况说明》;(20)《2016年年度业绩预告更正公告》;(21)天成控股股价表;(22)天成控股股价图;(23)2017年3月1日风行资讯研报;(24)2017年3月1日西部证券研报;(25)2017年3月1日今日财经简讯。证明目的:天成控股公司的案涉行为不应被认定为构成虚假陈述行为。

证据二:(26)申万行业(一级)电气设备板块指数成分股列表;(27)中信电力设备CI005011指数成分股列表;(28)东方财富输配电气板块指数成分股列表;(29)证监会2017年第二季度上市公司行业分类结果(部分);(30)2017年4月24日证监会电气机械指数与中信CI005011指数涵盖股票对比表;(31)按照申万行业(一级)电气设备板块指数剔除系统风险的说明;(32)《关于公司股票可能被实施退市风险警示的提示性公告》;(33)《2016年年度报告》(部分);(34)《2016年年度报告摘要》;(35)《2016年年度审计报告》(部分);(36)《2017年第一季度报告》;(37)《独立董事对公司对外担保情况的专项说明和独立意见》;(38)《关于公司股票可能被实施退市风险警示的第二次提示性公告》《关于公司股票实施退市风险警示的公告》《关于公司股票停牌的提示性公告》;(39)《香港长城矿业开发有限公司2016年度盈利预测与实际经营差异表的审核报告》;(40)《关于控股股东进行股票质押式回购交易补充质押的公告》;(41)《关于非公开发行股票会后重大事项的说明》。证明目的:即使认定上诉人案涉行为构成虚假陈述行为,因本案投资者的损失与案涉虚假陈述行为之间不存在因果关系,其投资损失也当然与上诉人无关。

被上诉人对此发表质证意见:一审法院已经规定了举证期限,这些证据均是在举证期限过去以后,到二审中才提交的,40多份证据均是发生在2017年、2016年甚至2015年,没有一个是一审庭审之后才新发现的,不属于民事诉讼法当中所讲的新证据,对系列证据,法院应该不予采纳。关于这41个证据的三性,被上诉人对证据(1)的真实性认可,完整性不认可,对证据(4)、(7)、(20)、(21)、(22)、(23)、(24)、(25)、(32)、(33)、(34)、(35)、(36)、(37)、(38)、(39)、(40)、(41)的三性予以认可,对证据(2)、(3)、(5)、(6)、(8)、(9)、(10)、(11)、(12)、(13)、(14)、(15)、(16)、(17)、(18)、(19)、(26)、(27)、(28)、(29)、(30)、(31)的三性都不予以认可,对系列证据的证明目的均不予认可。

本院认为,天成控股公司提供的系列证据均不能达到其证明目的,于本案事实不产生实质性影响,故此不予认定。

本院认为,本案的争议焦点为:(1)上诉人虚假陈述所涉事件是否属于重大事件;(2)被上诉人的投资损失与上诉人的虚假陈述之间是否存在因果关系;(3)本案是否存在系统风险;(4)王某某、马某某是否应当承担连带责任。

关于争议焦点一,重大事件之“重大性”为实质可能对投资者进行投资决策具有重要影响的信息,信息重大性的考察可以从两个方面来判断:(1)从对投资人的决策产生影响的方面进行考虑,即如果该信息的披露将会实质性地影响投资人的交易决策,那么该信息具有重大性;(2)从对证券市场的价格影响方面进行考虑,如果该信息的披露会对相关证券的价格产生实质性影响,那么该信息具有重大性,就这两个标准而言,只需满足其中之一即属于虚假陈述。

就是否会对投资者的决策产生影响的问题,本案中上诉人在2015年已经业绩亏损的条件下,如2016年的业绩继续亏损,将面临退市风险,基于此,上诉人2016年的业绩是盈利还是亏损必然会对投资者的决策产生重大影响。并且上诉人虚假陈述的净利润为1000万元到1500万元之间,更正公告中显示净利润为-9700万元,数额巨大,从绝对金额与相对比例而言,均符合《上海证券交易所股票上市规则》第11.12.2条(2014年版,2019年修订后为第11.12.5条)"上市公司出现下列使公司面临重大风险的情形之一时,应当及时向本所报告并披露:(一)发生重大亏损或者遭受重大损失……上述事项涉及具体金额的,比照适用第9.2条的规定"及第9.2条"上市公司发生的交易(提供担保除外)达到下列标准之一的,应当及时披露……(四)交易标的(如股权)在最近一个会计年度相关的营业收入占上市公司最近一个会计年度经审计营业收入的10%以上,且绝对金额超过1000万元……上述指标涉及的数据如为负值,取其绝对值计算"的情形,属于公司面临的重大风险,对理性投资者考虑投资该股票必然会带来重大影响。

关于如何判断虚假陈述是否会对相关证券的价格产生实质性影响问题,在排除系统性因素的条件下,无论是虚假陈述的"实施日"还是"揭露日"前后的股票价格差距过大都意味着虚假陈述对证券价格产生了实质性影响。在本案中,一审法院根据"揭露日"前后的股价来判断是否符合价格敏感标准并无不当,上诉人关于"一审法院错误地通过不实披露行为揭露日前后的股价,而不是以不实披露行为实施日前后的股价对价格敏感标准进行判断明显错误"的主张,不予支持。

并且,上诉人已因虚假陈述受到了证监会的行政处罚,相关人员被处以警告,这足以说明其虚假陈述的行为所涉事件属于重大事件。从证监会〔2018〕112号《行政处罚决定书》可以看出,上诉人关于本案中虚假陈述不具有重大性的主张,不予支持。

综上,根据《若干规定》第17条"证券市场虚假陈述,是指信息披露义务人违反证券法律规定,在证券发行或者交易过程中,对重大事件作出违背事实真相的虚假记载、误导性陈述,或者在披露信息时发生重大遗漏、不正当披露信息的行为"的规定,虚假陈述行为包括了虚假记载、误导性陈述、披露信息时重大遗漏、不正当披露信息的行为。

本案系披露信息时产生重大遗漏的情形,上诉人“已与审计机构进行充分沟通,公司与审计机构对相关科目的处理方式存在分歧”的抗辩,基于公司与审计机构沟通后出现重大分歧的事项并未出现在上诉人2017年1月25日晚作出的《贵州长征天成控股股份有限公司2016年年度业绩预告》中,该行为便属于重大遗漏,上诉人“已与审计机构进行充分沟通,公司与审计机构对相关科目的处理方式存在分歧”的主张,本院不予采纳。

关于争议焦点二,根据《若干规定》第18条“投资人具有以下情形的,人民法院应当认定虚假陈述与损害结果之间存在因果关系:(一)投资人所投资的是与虚假陈述直接关联的证券;(二)投资人在虚假陈述实施日及以后,至揭露日或者更正日之前买入该证券;(三)投资人在虚假陈述揭露日或者更正日及以后,因卖出该证券发生亏损,或者因持续持有该证券而产生亏损”的规定,只要投资人所投资的是与虚假陈述直接关联的证券,证券的买入时间是虚假陈述实施日及以后,揭露日或更正日之前,且在虚假陈述揭露日或更正日以后因卖出证券或持有该证券产生亏损,便认定为具有因果关系,至于在此期间投资者是否有其他与该证券相关的因素来决策是否投资该证券,并不影响虚假陈述导致投资者产生损害之间的因果关系,故对上诉人的主张,本院不予采纳。

关于争议焦点三,上诉人称本案存在系统风险的问题。贵州省证监局出具的《“ST天成”股票基本情况及相关指数查询数据协查——相关指数数据》报告,该报告上载明的数据不仅包括了申万平台“-4.91%”的上证终指期间涨跌幅,同时还有上证综指涨跌幅“1.24%”、证监会门类——制造业涨跌幅1.38%、证监会大类——电气机械及器材制造业涨跌幅5.69%的系列数据,在有系列可参照数据的基础上,一审法院经过综合考虑认定不存在系统风险并无错误,应予以维持。

关于争议焦点四,王某某及马某某是否应当承担连带责任的问题。王某某作为天成控股公司董事长,马某某作为天成控股公司财务总监,都知晓并核准天成控股公司将发布虚假业绩预告,且在发布虚假业绩预告前均未征求独立董事意见并径行发布,对该虚假陈述存在过错,负有责任。一审法院认定无误,予以支持。

综上所述,天成控股公司、王某某、马某某的上诉请求不能成立,应予驳回;一审判决认定事实清楚,适用法律正确,应予维持。依照《民事诉讼法》第170条第1款第1项的规定,判决如下:

驳回上诉,维持原判。

二审案件受理费968元，由天成控股公司、王某某、马某某共同负担。

本判决为终审判决。

审判长　卢　飏

审判员　李圣瑞

审判员　谭董新

二〇一九年十二月二十五日

法官助理　韦嫣婷

书记员　陈　雁

本案相关新闻报道

投服中心天成控股支持诉讼案件

投服中心提起的天成控股虚假陈述支持诉讼案件，近日获二审终审判决。贵州高院驳回了天成控股的上诉请求，维持一审判决。投服中心指派公益律师——贵州中创联律师事务所张学霖代理投资者张某提起诉讼，向财务总监马某某、董事长王某某及上市公司天成控股索赔4万余元，诉讼请求获法院支持。

预报盈利不合规　年审报告大调整

2017年1月25日，天成控股发布2016年年度业绩预告，预计2016年年度经营业绩与上年同期相比，实现归属上市公司股东的净利润在1000万元至1500万元之间，扭亏为盈。

2017年4月23日，天成控股发布2016年年度业绩预告更正公告，在年度审计过程中，年审注册会计师在收益确认时间及递延所得税等方面进行了调整，其中，资产置换的投资收益调减4777.07万元。2016年实现归属上市公司股东的净利润由1000万元至1500万元之间更正为－9700万元。公告发布后，天成控股股价于2017年4月24日、25日连续两天跌停。

2015年年底，天成控股与云南西仪工业股份有限公司（以下简称西仪股份）达成协议，西仪股份向天成控股定向发行股份，以置换天成控股持有的承德苏垦银河连杆有限公司（以下简称苏垦银河）30%的股权。2017年1月6日，苏垦银河完成工商变更登记。同日，苏垦银河原股东决议同意转让公司股权并修改公司章程，苏垦银河新股东决定任命新一届董事会、监事会成员。天成控股在资产置换事项的收益确认条件尚不具备的情形下,将置换收益提前确认在 2016 年,未进行董事会决议、未征求独立董事意见,于 2017 年 1 月 25 日以董事会公告名义发布了上述 2016 年年度业绩预告。其不符合规定确认收入并发布业绩预报的行为导致审计报告进行大幅调整,引发监管部门关注。

虚假陈述被处罚　民事诉讼找上门

2018 年 1 月 9 日,天成控股因 2016 年业绩预告与年度业绩报告披露差异被证监会立案稽查,2018 年 11 月 28 日收到证监会《行政处罚决定书》。天成控股在资产置换事项的收益确认条件尚不具备的情形下,提前确认了收益,使其 2017 年 1 月 25 日发布的 2016 年年度业绩扭亏为盈的公告与实际情况严重不符,违反了 2014 年《证券法》的规定,构成虚假记载行为。天成控股、时任财务总监马某某、董事长王某某及其他相关责任人员被行政处罚。

天成控股被行政处罚后,中小投资者纷纷维权。根据公司 2019 年 5 月 28 日公告,公司收到贵阳中院传票,涉及 243 起证券虚假陈述责任纠纷,诉讼金额共计人民币 48, 525, 800. 93 元。后续公告显示投资者陆续提起诉讼索赔。

投服中心指派公益律师张学霖支持投资者张某于 2019 年 3 月 28 日提起诉讼,秉承“追首恶”的原则,向马某某、王某某、天成控股索赔因虚假陈述造成的损失 4 万余元。

一审原告胜诉　二审维持原判

2019 年 5 月 31 日,案件在贵阳中院开庭审理。原被告双方就各自所提主张进行举证,并围绕虚假陈述行为是否符合重大性标准、原告的损失与虚假陈述行为是否构成因果关系等争议焦点发表辩论意见。2019 年 10 月 30 日投资者收到一审判决,贵阳中院全额支持原告投资者张某诉求,被告天成控股、马某某、王某某对原告承担连带赔偿责任。

天成控股不服一审判决,提出上诉。2019 年 12 月 12 日,天成控股虚假陈述纠纷上诉案在贵州高院开庭审理。公司更换了代理律师并增加提交证据数十份。2020 年 3 月投资者收到贵州高院终审判决,贵州高院驳回天成控股上诉请求,维持一审判决。

2019 年 12 月 28 日《证券法》通过修订,修订后的《证券法》强化上市公司信息披露要求,明确信息披露义务人包括董监高责任,对上市公司信息披露违法惩罚力度加大。

近年来,在虚假陈述民事赔偿案件实践中,法院在判决中对相关责任人员的连带责任予以明确认定,这对加强上市公司规范信息披露,切实保护投资者合法权益、维护证券市场健康发展起到了积极作用。

顺灏股份案

顺灏股份虚假陈述支持诉讼案

田立卿*

2017年3月，投服中心首次发布维权征集公告，在全国范围内公开征集因上海绿新包装材料科技股份有限公司（现更名为上海顺灏新材料科技股份有限公司，以下简称顺灏股份）虚假陈述行为①而受损的中小投资者，征集期满后，投服中心共收到97位投资者的申请材料。上海市广发律师事务所许平文、田立卿律师作为投服中心公益律师，于2017年5月接受委派负责办理该案。

关于投服中心支持中小投资者起诉王某及顺灏股份要求赔偿投资差额损失案件（以下简称顺灏股份案）的基础事实、索赔方案及核心法律问题分析，公益律师已于上海市第二中级人民法院（以下简称上海二中院）出具一审民事判决书后撰文予以阐述，本文不再赘述。

顺灏股份案于2018年下半年进入二审程序②后，因最高人民法院（2018）最高法民申2017号《民事裁定书》裁定对（2017）沪民终438号案件进行提审，并中止原判决的执行，上海市高级人民法院（以下简称上海高院）为避免诉累，节约司法资

---

* 上海市广发律师事务所律师，投服中心公益律师。

① 2016年7月27日，中国证券监督管理委员会上海监管局作出沪〔2016〕5号《行政处罚决定书》，查明顺灏股份存在未依法披露和关联自然人王某的关联交易、未依法披露重大事件签署意向协议事项的违法事实，根据2014年《证券法》第193条的规定，对顺灏股份责令改正、予以警告，并处以30万元罚款；对王某给予警告，并处以8万元罚款。

② 因上海金融法院设立，案件管辖在一审阶段由上海二中院移送至上海金融法院的5位投资者除外。

源,裁定中止顺灏股份系列案件的审理。受此影响,顺灏股份案于2019年12月30日才最终取得二审民事判决。其间,投服中心在支持诉讼维权案件的实践探索及损失计算软件开发等方面均取得了更广泛的经验积累和进步。因此,公益律师认为有必要对顺灏股份案的办案过程和投资者最终获得损害赔偿的情况进行完整的梳理,并针对虚假陈述责任纠纷案件共性的争议焦点,结合相关案例数据,予以研究归纳。

案情简介

(一)案件受理

2017年6月,公益律师分两批向上海二中院提交了81位投资者的起诉材料,上海二中院于2017年7月5日立案受理。此后1位投资者放弃支持诉讼,未按期预交案件受理费,上海二中院裁定按撤回起诉处理。根据《最高人民法院关于审理证券市场因虚假陈述引发的民事赔偿案件的若干规定》(以下简称《若干规定》)第13条第2款之规定,"多个原告因同一虚假陈述事实对相同被告同时提起两个以上共同诉讼的,人民法院可以将其合并为一个共同诉讼",2017年7月31日,上海二中院出具(2017)沪02民初597号等64份民事裁定书,为便于案件审理,裁定将案件合并,5位投资者合并为一个案号,即顺灏股份案80位投资者由80个案号合并为16个案号①。

(二)"追首恶"

2012年至2014年,时任董事长及总经理的王某与顺灏股份之间连续多次发生资金往来,累计金额达到21,769,703.13元,已构成《上市公司信息披露管理办法》第71条所规定的关联交易,顺灏股份未按照《深圳证券交易所股票上市规则(2012年修订)》第10.2.3条等相关规定及时进行披露,构成未依法披露和关联自然人的关联交易违法行为,王某为直接负责的主管人员之一。

① (2017)沪02民初495号,(2017)沪02民初600号,(2017)沪02民初605号,(2017)沪02民初610号,(2017)沪02民初615号,(2017)沪02民初621号,(2017)沪02民初626号,(2017)沪02民初631号,(2017)沪02民初636号,(2017)沪02民初641号,(2017)沪02民初646号,(2017)沪02民初651号,(2017)沪02民初656号,(2017)沪02民初661号,(2017)沪02民初666号,(2017)沪02民初671号。

本着“追首恶”的原则,投服中心决定将王某作为被告一,要求其承担首要赔偿责任,顺灏股份作为共同被告承担连带赔偿责任。因王某系中国香港特别行政区居民,上海二中院受理该案后未能成功向其送达诉讼文书,拟采用公告方式进行送达。既要尽快推进一审诉讼流程,又不能轻易放弃追究“首恶”,投服中心与公益律师决定同时推进两个应对方案:一方面,征得70位投资者同意,于2017年9月申请撤回对王某的起诉,以期上海二中院可以尽快完成诉讼文书送达并安排开庭审理;另一方面,合计起诉金额最高的两个案件[①]保留对王某的起诉。

鉴于对内地没有住所的香港居民送达诉讼文书的公告期为3个月,投服中心与公益律师仍希望尽快完成诉讼文书送达,故提请上海二中院出具调查令,至上海市工商局从顺灏股份的档案文件中调取了王某的香港居民身份信息,并委托香港特别行政区服务机构查询到了王某在香港的住所。上海二中院根据该住所地址将起诉状副本及开庭传票等诉讼文书以邮寄方式成功送达王某。

提审与中止审理

2017年11月2日,上海二中院第一次开庭审理了顺灏股份案,并于2017年12月28日出具第一批一审判决书。判决书的内容已公开可查,本文不再赘述。

公益律师认为,顺灏股份案最引人关注和争议的焦点在于“熔断事件”[②]是否属于《若干规定》第19条第4项规定的证券市场系统风险(以下简称系统风险),以及如果属于系统风险,该事件对投资者的损失造成了多少影响。事实上,该问题不只是顺灏股份案的焦点,亦是虚假陈述责任纠纷案件中作为被告的上市公司通常会提出的抗辩事项之一。例如,在投资者诉广东超华科技股份有限公司(以下简称超

---

① 涉及10位投资者,起诉投资差额损失金额合计1,788,005.36元,占顺灏股份案投资差额损失请求总金额的30.53%。

② 2015年12月4日,上海证券交易所及深圳交易所同时发布新的交易所规则,规定了“指数熔断”机制,规定熔断基准指数为沪深300指数,采用5%和7%两档阈值,规则于2016年1月1日起实施。2016年1月4日,元旦假期后第一个交易日,沪深两市早盘双双低开,沪深300指数于13时13分跌幅超过5%,引发15分钟熔断。13时28分,两市恢复交易后沪深300指数继续下跌,并于13时34分触及7%关口,再次引发熔断,两市暂停交易至收市。1月7日,早盘9时42分,沪深300指数跌幅扩大至5%,再度触发熔断线,9时57分恢复交易后,沪深300指数再度向下,最大跌幅达7.21%,二度熔断触及阈值,两市暂停交易至收市。2016年1月8日,上海证券交易所及深圳证券交易所均决定暂停实施“指数熔断”机制。

华科技)虚假陈述责任纠纷系列案件中,除了"熔断事件",超华科技同时提出了2015年6月至9月的"千股跌停"[①]属于系统风险的答辩意见。

投资者的代理人代表投资者的利益,通常均主张"熔断事件"或"千股跌停"不属于系统风险。在司法实践中,投资者首次买入标的证券的时间若晚于2016年1月7日,法院通常认为投资者的损失没有受到"熔断事件"或"千股跌停"的影响。公益律师通过中国裁判文书网[②]检索了近年关于虚假陈述责任纠纷案件的判决书,选取了虚假陈述实施日在2016年1月4日前,虚假陈述基准日在2016年1月7日后的相关案件,即案涉投资者交易标的证券的时间段可能在2015年6月12日至2016年1月7日或包含该期间。案例数据反映,法院通常认为"熔断事件"及"千股跌停"属于系统风险,但各法院最终认定系统风险对投资者损失的影响比例差异较大(见表1)。

表1 近年来各法院对系统风险影响比例认定情况统计

案件名称	审理法院	实施日	揭露日/更正日	基准日	是否属于系统风险	影响比例
益盛药业	长春市中级人民法院	—	2015.12.28	2016.1.20	是	70.00%
安硕信息	上海二中院	2014.5.27	2016.6.14	2016.6.23	是	30.00%
ST慧球	广西壮族自治区高级人民法院	2014.12.31	2016.1.9	2016.7.12	是	10.00%
新力金融	合肥市中级人民法院	2015.2.18	2017.9.1	2017.10.20	是	100.00%
金亚科技	成都市中级人民法院	2015.4.3	2015.6.5	2016.4.8	是	87.71%
超华科技	广州市中级人民法院	2015.4.29	2017.9.5	2017.11.20	是	25.00%
昆明机床	昆明市中级人民法院	2015.11.11	2016.2.5	2016.2.23	是	30.00%

顺灏股份案部分一审判决后,顺灏股份不服,向上海高院提起上诉,坚持一审答辩意见,并主张上海二中院在安硕信息案中认定系统风险影响比例为30%,而在顺灏股份案中认定系统风险影响比例为20%,明显畸重,违背公平公正原则。[③] 上

① 上证指数从2015年6月12日最高点5166.35点跌落至8月26日的2850.71点,跌幅达44.82%;创业板指数从2015年6月5日最高点4037.96点跌落至9月2日1779.18点,跌幅达55.94%。据第三方平台统计,2015年6月15日至9月14日共发生16次"千股跌停"。

② 载中国文书裁判网:http://wenshu.court.gov.cn,最后访问日期:2020年6月22日。

③ 参见顺灏股份《民事上诉状》。

海高院于2018年6月受理。

因最高人民法院于2018年6月裁定提审包括(2017)沪民终438号案件在内的顺灏股份系列案件[①],上海高院遂裁定中止包括投服中心支持诉讼在内的处于二审阶段的顺灏股份案的审理。

2018年8月20日上海金融法院正式揭牌成立,上海二中院未及判决的5位投资者的案件因此移送至上海金融法院管辖。上海金融法院于2019年2月1日裁定中止审理。至此,顺灏股份案全部中止审理,顺灏股份也改变了前期积极和解的态度,停止和解沟通工作,顺灏股份案进入近半年的"沉默期"。

发回重审与二审判决

2019年6月6日至8月3日,顺灏股份发布了4次《关于收到最高人民法院〈民事调解书〉的公告》,公告其与最高人民法院提审案件的部分投资者达成调解协议,约定顺灏股份按一审判决认定的投资者损失的30%(部分案件为40%)进行赔偿。自此,顺灏股份再次启动与投资者协商和解的工作,投服中心支持诉讼的投资者案件,经承办法官、投服中心工作人员及公益律师长期多次沟通协调,上海金融法院中止审理的5位投资者案件以及上海高院中止审理的30余位投资者案件均以和解撤诉方式结案。其余7位投资者不同意和解,上海高院开庭审理后于2019年12月30日作出二审判决,认定"综合考虑本案虚假陈述行为的过错程度、市场系统风险影响比例等因素,本院酌定顺灏公司的赔付金额为投资者的投资差额损失的50%"。

另外,最高人民法院就其提审案件于2019年12月27日作出裁定,以原审判决认定案件基本事实不清、适用法律错误为由,裁定撤销上海高院及上海二中院此前作出的民事判决,案件发回上海二中院重审。

以最高人民法院的上述裁定为依据,顺灏股份已对投服中心支持诉讼的7位投资者案件[②]提出再审申请。虽然二审判决具有既判力,公益律师亦已向上海二中院

① 不属于投服中心支持诉讼的案件,系其他投资者起诉并已先于投服中心支持诉讼取得二审判决的案件。

② (2018)沪民终322号、(2018)沪民终324号、(2018)沪民终325号、(2018)沪民终490号、(2018)沪民终491号。

提交了执行申请,公司已于2020年7月进行赔付。

案件评析

(一)损失计算与系统风险

虚假陈述责任纠纷案件的核心要点通常有三个方面:一是虚假陈述实施日、揭露日(包括更正日)和基准日的认定;二是上市公司的虚假陈述行为与投资者损失之间是否存在因果关系;三是投资差额损失的计算问题,包括是否存在系统风险及扣除比例。

关于实施日、揭露日和基准日的认定属于案件事实认定问题,容易引发争议的在于揭露日的认定。揭露日在案件中具有重要的法律地位,须结合案件情况具体判断,难以一概而论。目前主流观点认为,揭露日的意义在于揭示虚假陈述的信息真相,向证券市场充分释放警示信号,提醒投资者重新判断标的证券的价值,通常以此为标准认定揭露日。该三个日期确认之后,结合投资者交易标的证券的日期即可筛选出与虚假陈述行为具备因果关系的投资者。因果关系认定方面,司法实践中仍主要以《若干规定》第18条①的规定为准,只在个别案件中法院会判断投资者的交易决策是否受到虚假陈述行为的影响,据此排除因果关系。②

关于投资差额损失的计算,司法实践中存在不同的计算方法及上文已提及的系统风险扣除比例。公益律师办理顺灏股份案之初,投服中心工作人员须对投资者提供的纸质交易记录进行人工录入,并制作损失计算表,不仅会花费大量的时间精力,更重要的是关于投资差额损失的计算,除非委托会计师事务所进行专业计算,否则面对如此大量的支持诉讼案件,为兼顾工作效率,投服中心及公益律师只能选择使用计算公式较为简便的实际成本法。与此相对,司法实践中越来越多的法院开始采用移动加权平均法进行投资差额损失计算,客观上可能使个别投资者的起诉金额与法院判决金额之间存在较大差距,既可能影响支持诉讼的权威性,也

---

① 《若干规定》第18条规定:"投资人具有以下情形的,人民法院应当认定虚假陈述与损害结果之间存在因果关系:(一)投资人所投资的是与虚假陈述直接关联的证券;(二)投资人在虚假陈述实施日及以后,至揭露日或者更正日之前买入该证券;(三)投资人在虚假陈述揭露日或者更正日及以后,因卖出该证券发生亏损,或者因持续持有该证券而发生亏损。"

② (2016)最高法民申502号。

会导致投资者付出更多的诉讼费用。

为常态高效地解决损失计算问题,投服中心积极推进损失计算软件的开发,至公益律师 2018 年代理“超华科技”案时,已可通过损失计算软件批量进行损失计算,大幅度提升了支持诉讼的工作效率和权威性。据了解,投服中心已在方正科技集团股份有限公司、青岛中资中程集团股份有限公司等案件中接受法院委托,就相关案件的系统风险扣除比例及损害赔偿金额进行核定,并出具《损失核定意见书》作为法院判决的重要参考。

虽然虚假陈述责任纠纷案件已呈现程序化趋势,但依然属于较新型的案件类型,包含复杂的证券金融及法律争议问题,不可能成为交通事故赔偿纠纷这样高度程序化的案件类型。法院在案件审理中引入投资计算软件,可以作为计算投资者损失的专业工具,但其运行逻辑并非具有充分的法律依据,①如何认定系统风险以及更科学地确定影响比例,尚待专业人士更深入地研究论证,及法律法规进一步细化完善。

(二)未能完成的“追首恶”

如上文所述,顺灏股份案起诉之初,投服中心本着“追首恶”的原则,决定将王某作为被告一,要求其承担首要赔偿责任,顺灏股份作为共同被告承担连带赔偿责任。但因相关案件投资者后续全部与顺灏股份达成和解,最终的二审判决中未能认定王某承担赔偿责任。

投服中心确立“追责到人”的支持诉讼原则,本意是为了在保护中小投资者权益的同时,避免因高额的民事赔偿而“误伤”上市公司的其他中小股东。但是向“首恶”精准追偿的愿望,在实践中面临多方面的困难。不可否认的现实是,无论是法院判决上市公司与直接责任人员共同承担赔偿责任,②还是通过和解/调解方式结案,投资者不可能指定实际支付赔偿款的责任主体,甚至可以说,大部分投资者是不关心赔偿款具体由谁承担的。如果上市公司已向投资者实际支付了赔偿款项,直接责任人员依法亦无须再承担赔偿责任。虽然《若干规定》第 22 条第 1 款规定,实际控制人操纵发行人或者上市公司违反证券法律规定,以发行人或者上市公司

① 参见杨宏、唐茂军、傅祥民:《证券虚假陈述案投资者损失计算软件的运行逻辑》,载郭文英主编:《投资者》(第 5 辑),法律出版社 2019 年版,第 85 ~ 95 页。

② 可参考“ * ST 大控”及“超华科技”案。

名义虚假陈述并给投资人造成损失的，可以由发行人或者上市公司承担赔偿责任。发行人或者上市公司承担赔偿责任后，可以向实际控制人追偿，但公益律师目前尚未检索到相关案例数据。

(三)支持诉讼到代表人诉讼

2020年3月1日实施的《证券法》第95条，在《民事诉讼法》第53条、第54条的基础上开创了代表人诉讼的新形式——证券纠纷代表人诉讼制度。2020年3月24日，上海金融法院发布《上海金融法院关于证券纠纷代表人诉讼机制的规定(试行)》，系全国首个关于证券纠纷代表人诉讼制度实施的具体规定。

投服中心自2016年发起“匹凸匹”案和“康达新材”案支持诉讼以来，截至2020年5月已累计提起24例支持诉讼，不仅成功帮助案涉投资者挽回损失，引导更多中小投资者树立维权意识，建立维权信心，更为后续实践证券纠纷代表人诉讼制度提供了大量具有研究参考价值的案例数据。

从支持诉讼到证券纠纷代表人诉讼，结合纠纷调解及持股行权，投服中心通过其长时间、多维度的投资者权益保护工作，使上市公司充分认识到信息披露违法行为的严重后果，迫使其进一步提升信息披露质量，促进证券市场的健康发展。

本案律师及律所介绍

许平文

上海市广发律师事务所首席业务执行合伙人，国内资深证券律师，被《新财富》杂志评为2012年度明星律师，担任多家上市公司独立董事及多家券商内核委员。许平文律师在资本市场、并购、资产重组、公司业务等方面拥有近20年的从业经历，以其全面、综合的业务能力在业内享有较高声誉，曾主持过百余家公司的资产重组、股份改制、股票发行上市以及其他类型公司的资产重组、私募投资、并购等项目。

田立卿

上海市广发律师事务所律师，项目主管。专长于公司法、合同法、劳动法方向的民商事诉讼与仲裁，曾代理多起证券公司、投资机构的股权回购纠纷，于2018年受聘为投服中心公益律师。田立卿律师同时担任10余家大中型企业的常年法律顾问，服务内容包括参与重要决策的协商和谈判、提供法律咨询意见和建议、协助解决内外部冲突和纠纷、建立完善规章制度、起草审查合同协议等法律文件。

上海市广发律师事务所

总部设在上海,并设有无锡、深圳、杭州等分所,现有执业律师近60名。上海市广发律师事务所自1999年起专业从事证券金融法律服务,包括企业改制、股票发行及上市、资产重组及并购等业务,从业经验丰富,在全国证券法律服务领域名列前茅。

本案相关行政处罚决定书

中国证券监督管理委员会上海监管局行政处罚决定书

(沪〔2016〕5号)

当事人:上海绿新包装材料科技股份有限公司(以下简称上海绿新),统一社会信用代码:××××××××××××××××××,住所:(略),法定代表人为王某。

王某,男,1966年7月出生,港澳居民来往内地通行证号码:×××××××××××,时任上海绿新董事长、总经理,上海绿新实际控制人。

刘某,身份证号:××××××××××××××××××,男,1969年2月出生,时任上海绿新董事、副总裁、财务总监,住址:(略)。

张晓某,身份证号:××××××××××××××××××,男,1976年11月出生,时任上海绿新董事会秘书兼副总裁,住址:(略)。

高某,身份证号:××××××××××××××××××,男,1966年6月出生,时任上海绿新财务总监,住址:(略)。

依据2014年《证券法》的有关规定,我局依法对上海绿新信息披露违法行为进行了立案调查、审理,并依法向当事人告知了作出行政处罚的事实、理由、依据及当事人依法享有的权利。当事人均未提交陈述、申辩意见,也未要求听证。本案现已调查、审理终结。

经查明,上海绿新存在以下违法事实:

一、未依法披露和关联自然人的关联交易行为

王某,时任上海绿新董事长,2009年8月18日至2015年6月30日任上海绿新总经理,上海绿新实际控制人。根据《公司法》及深圳证券交易所的相关规则,王某为上海绿新的关联自然人。

2012 年至 2014 年，王某连续多次与上海绿新发生资金往来，累计金额达到 21,769,703.13 元，已构成《上市公司信息披露管理办法》第 71 条所规定的关联交易，但上海绿新未按照《深圳证券交易所股票上市规则（2012 年修订）》第 10.2.3 条等相关规定及时进行披露。

二、未依法披露重大事件签署意向协议事项

2014 年 3 月 28 日，上海绿新与云南中云投资有限公司签订《股权转让意向协议》，涉及协议标的金额 368,000,000 元，已经达到《深圳证券交易所股票上市规则（2012 年修订）》第 9.2 条第 1 款第 4 项规定的“交易的成交金额（含承担债务和费用）占上市公司最近一期经审计净资产的 10% 以上，且绝对金额超过一千万元”标准，应当在《上市公司信息披露管理办法》第 31 条第 2 项规定的“有关各方就该重大事件签署意向书或者协议时”披露，上海绿新未及时披露。

以上事实，有上海绿新的内部管理制度、相关业务合同、财务资料、资金流向明细以及当事人的询问笔录、情况说明等证据证明，足以认定。

上海绿新的上述行为违反了 2014 年《证券法》第 63 条关于“发行人、上市公司依法披露的信息，必须真实、准确、完整，不得有虚假记载、误导性陈述或者重大遗漏”和《上市公司信息披露管理办法》第 2 条关于“信息披露义务人应当真实、准确、完整、及时地披露信息，不得有虚假记载、误导性陈述或者重大遗漏”的规定，构成了 2014 年《证券法》第 193 条“发行人、上市公司或者其他信息披露义务人未按照规定披露信息，或者所披露的信息有虚假记载、误导性陈述或者重大遗漏”的行为。根据 2014 年《证券法》第 68 条的规定，上市公司董事、监事、高级管理人员应当保证上市公司所披露的信息真实、准确、完整。对于上海绿新上述未依法披露和关联自然人的关联交易违法行为，上海绿新时任董事长、总经理王某以及时任董事会秘书张晓某为直接负责的主管人员，前后时任财务总监刘某、高某为其他直接责任人员。对于上海绿新上述未依法披露重大事件签署意向协议事项违法行为，王某以及张晓某为直接负责的主管人员，刘某为其他直接责任人员。

根据当事人违法行为的事实、性质、情节与社会危害程度，根据 2014 年《证券法》第 193 条的规定，我局作出如下决定：

一、对上海绿新责令改正，给予警告，并处以 30 万元罚款；

二、对王某给予警告，并处以 8 万元罚款；

三、对张晓某给予警告，并处以 8 万元罚款；

四、对刘某给予警告,并处以 3 万元罚款;

五、对高某给予警告,并处以 3 万元罚款。

上述当事人应自收到本处罚决定书之日起 15 日内,将罚款汇交中国证券监督管理委员会(开户银行:中信银行总行营业部,账号:×××××××××××××××××××××,由该行直接上缴国库),并将注有当事人名称的付款凭证复印件送中国证券监督管理委员会稽查局和我局备案。当事人如果对本处罚决定不服,可在收到本处罚决定书之日起 60 日内向中国证券监督管理委员会申请行政复议,也可在收到本处罚决定书之日起 6 个月内向有管辖权的人民法院提起行政诉讼。复议和诉讼期间,上述决定不停止执行。

中国证券监督管理委员会上海监管局

2016 年 7 月 27 日

本案相关判决书

上海市第二中级人民法院民事判决书

(2017)沪 02 民初 651 号

原告:曾某某(个人信息等略)。

委托诉讼代理人:许平文,上海市广发律师事务所律师。

委托诉讼代理人:田立卿,上海市广发律师事务所律师。

被告:上海顺灏新材料科技股份有限公司(以下简称顺灏公司,原名上海绿新包装材料科技股份有限公司),住所地:(略)。

法定代表人:郭某,该公司董事长。

委托诉讼代理人:葛晓奇,上海普世律师事务所律师。

委托诉讼代理人:杨旭,上海普世律师事务所律师。

原告曾某某诉被告顺灏公司证券虚假陈述责任纠纷一案,本院于 2017 年 7 月 5 日立案后,依法适用普通程序,公开开庭进行了审理。原告委托诉讼代理人许平文、田立卿,被告顺灏公司委托诉讼代理人葛晓奇到庭参加诉讼。本案现已审理终结。

原告曾某某向本院提出诉讼请求:被告顺灏公司赔偿原告曾某某投资差额损失人民币 35,328 元(以下币种均为人民币)、佣金 10.60 元、印花税 35.33 元及利息 54.21

元(其中开立于长城证券股份有限公司前海分公司的资金账号为88××××××××××的利息以28,597.13元为基数,按照中国人民银行同期活期存款利率自买入之日2015年12月18日起计算至卖出之日2016年4月29日止;开立于平安证券股份有限公司深圳金田路营业部的资产账号为30××××××××××的利息以6776.80元为基数,按照中国人民银行同期活期存款利率自买入之日2015年7月29日起计算至卖出之日2016年4月29日止)。关于佣金,原告曾某某确认按照投资差额损失的0.03%计算。关于印花税,原告曾某某确认按照投资差额损失的1%计算。事实和理由:原告作为投资者,购买股票的时间在被告顺灏公司虚假陈述实施日2014年4月2日以后,至揭露日2016年4月29日之前。依据相关法律规定,原告所持有的股票因被告顺灏公司未按规定披露信息的违法行为受到损失,被告顺灏公司理应承担赔偿责任。

被告顺灏公司辩称:(1)行政处罚不等于民事侵权,被告顺灏公司所应披露的信息不属于司法解释规定的重大事件;(2)原告的投资经历了熔断机制以及2015年6月26日的股灾,故其损失是由证券市场系统风险造成,与被告顺灏公司不当披露行为之间无因果关系;(3)被告顺灏公司虚假陈述行为的实施日应为2012年4月16日、基准日为2016年11月16日,基准价为7.89元。至于揭露日则应为2016年7月26日,即使按照法院认为的以被告发布提示性公告的时间确定,揭露日也应为2016年4月28日;(4)佣金和印花税作为投资人的实际损失,应当以投资差额损失部分为限进行计算;(5)关于利息损失,由法院依法判定。

当事人围绕诉讼请求依法提交了证据,本院组织当事人进行了证据交换和质证,对当事人无异议的证据,本院予以确认并在卷佐证。审理中,被告顺灏公司还提交了如下证据:(1)其与王某自2012年1月1日至4月13日的资金往来表及所附凭证,旨在证明截至2012年4月13日,王某与被告顺灏公司之间交易往来金额累计达到30万元以上,故应以2012年4月16日作为被告顺灏公司虚假陈述行为的实施日;(2)被告顺灏公司"顺灏股份"(股票代码为002565)股票分别与上证指数、深成指、包装材料板块指数2012年1月至2016年9月之间K线走势对比图、002565股票分别与深成指、包装材料板块指数2016年7月25日至9月16日K线走势对比图、002565股票与其他同一板块股票E线走势对比图及每日涨跌幅对比图等,旨在证明002565股票与大盘、同板块以及同类企业之间K线图走势趋同,披露不当本身并未影响股价,投资者损失与被告顺灏公司未正当履行披露义务之间无因果关系;(3)2016年1月4日至8日,中国证券市场熔断事件的相关信息、该期间002565股票交易记录,旨在证明该段时间内证券市场发生系统风险,原告的损失系由系统风险所致,与被告顺灏公司未尽披露义务之间不存在因果关系;(4)被告顺灏公司发出的与云南中云投资有限公司签订《附生效条件的股权转让协议》的公告,该公告落款时间为2014年7月4日,旨在证明被告顺灏公司已就行政处罚决定书认定的第2项虚假陈述行为进行了更正;(5)2017年8月30日,被告顺灏公司关于非公开发行股票申请获得证监会发审会审核通过的公告,旨在证明被告顺灏公司的虚假陈述行为不构成重大性,无须承担全部的赔偿责任。

对于被告提供的上述证据1,原告对真实性、合法性不持异议,但认为,关联交易金额以发生额为标准,而非余额,故对该组证据的关联性不予认可。就被告顺灏公司所主张的实施日,本院认为,从《深圳证券交易所股票上市规则(2012年修订)》第10.2.3条规定来看,当上市公司与关联自然人发生交易金额达到30万元以上的关联交易,上市公司应负有及时披露义务。结合被告顺灏公司提供的该组证据显示,至2012年2月29日,王某与被告顺灏公司之间的交易金额已累计达到30万元以上,此时被告顺灏公司应负有及时公告的义务,故本院认定2012年3月1日为被告虚假陈述行为的实施日。对于原、被告所主张的实施日,本院均不予采信。对于证据2,本院认为与本案争议事实无关联性。对于证据3,与事实相符,且与本案争议具有关联性,本院予以采信。对于证据4,该份公告中没有更正被告顺灏公司之前虚假陈述行为的内容,本院对于该份证据不予采信。对于证据5,根据《上市公司证券发行管理办法》第39条的规定,从该份公告无法得出被告顺灏公司不存在虚假陈述行为的结论,对于该份证据本院亦不予采信。

在上述证据认定的基础上,结合当事人的陈述,本院确认如下事实:

1. 被告顺灏公司系上市公司,其公开发行的A股股票名称原为上海绿新,后更名为顺灏股份,股票代码为002565,该股票属于包装材料板块。

2. 2016年4月28日,中国证券监督管理委员会(以下简称证监会)向被告顺灏公司发出沪调查通字2016-1-039号调查通知书,载明"因你公司涉嫌信息披露违法违规,根据《证券法》的有关规定,我会决定对你公司进行立案调查,请予以配合"。2016年4月29日,被告顺灏公司在《证券时报》、《证券日报》、《中国证券报》、《上海证券报》及巨潮资讯网披露了公司关于收到证监会调查通知书的公告。当日,被告002565股票收盘价下跌10.02%。2016年7月22日,中国证券监督管理委员会上海监管局(以下简称上海证监局)向被告顺灏公司等发出行政处罚事先告知书。2016年7月27

日，上海证监局向被告顺灏公司等发出沪(2016)5号行政处罚决定书，认定被告顺灏公司存在以下违法事实：(1)2012年至2014年，时任公司董事长的王某与被告之间连续多次发生资金往来，累计金额达到21,769,703.13元，已构成《上市公司信息披露管理办法》第71条所规定的关联交易，被告顺灏公司未按照《深圳证券交易所股票上市规则(2012年修订)》第10.2.3条等相关规定及时进行披露；(2)未按照《上市公司信息披露管理办法》第21条第2项规定及时披露被告顺灏公司于2014年3月28日与云南中云投资有限公司签订《股权转让意向协议》事项。上海证监局据此对被告顺灏公司进行了处罚。被告顺灏公司未针对上述处罚提出行政复议及行政诉讼。

3. 2012年1月1日至2月29日，时任公司法定代表人王某与被告顺灏公司之间交易额累计达到30万元以上，但被告顺灏公司未能及时就上述关联交易进行披露。2016年4月29日至8月1日，被告002565股票累计成交量达到其可流通部分的100%。经计算，上述期间该股票的均价为7.44元。

4. 原告投资002565股票的相关交易记录如下(见表1、表2)：

表1　资产账号30××××××××××的交易记录

序号	买卖方向	股数	成交价(元)	成交日期
1	买入	1200	12.303	20150414
2	买入	400	14.80	20150612
3	卖出	2300	8.88	20150714
4	买入	1000	8.52	20150715
5	买入	1400	8.35	20150716
6	卖出	2400	10.67	20150722
7	买入	2300	10.48	20150723
8	卖出	2400	10.40	20150727
9	买入	2600	9.75	20150727
10	卖出	2600	9.815	20150728
11	买入	2400	10.603	20150729
12	卖出	2400	7.78	20160429

表2　资金账号88×××××××××××的交易记录

序号	买卖方向	股数	成交价(元)	成交日期
1	买入	2600	9.00	20150728
2	卖出	2600	10.10	20150729
3	买入	2000	10.50	20150729
4	卖出	2000	11.11	20150730
5	买入	100	10.84	20150731
6	买入	600	10.79	20150731
7	买入	1000	10.99	20150731
8	买入	1200	9.97	20150803
9	卖出	600	10.40	20150803
10	卖出	500	10.42	20150803
11	买入	1000	10.47	20150804
12	卖出	1000	10.70	20150804
13	买入	1000	10.74	20150804
14	买入	1000	11.14	20150810
15	卖出	2800	11.95	20150821
16	卖出	1000	12.05	20150821
17	买入	2000	8.39	20150828
18	卖出	2000	6.13	20150917
19	买入	2000	6.03	20150918
20	卖出	2000	8.01	20151019
21	买入	1000	10.30	20151117
22	买入	1000	10.00	20151118
23	卖出	2000	10.40	20151130
24	买入	800	11.95	20151203
25	卖出	800	12.88	20151204
26	买入	800	11.20	20151214
27	买入	1000	11.29	20151214
28	买入	1000	11.21	20151214
29	卖出	2800	11.99	20151217
30	买入	1000	13.13	20151218
31	买入	1000	12.68	20151222
32	买入	1000	12.61	20151223
33	买入	3000	12.50	20151225
34	卖出	6000	7.89	20160429

5.2015年12月4日,上海证券交易所发布的《上海证券交易所规则(2015年修订)》第四章第五节规定了"指数熔断"机制,规定熔断基准指数为沪深300指数,采用5%和7%两档阈值,该规则于2016年1月1日起实施。2016年1月4日,沪深两市早盘双双低开,沪深300指数于13时13分跌幅超过5%,引发15分钟熔断机制。13时28分,两市恢复交易后,沪深300指数继续下跌,并于13时34分触及7%的关口,再次引发熔断,两市暂停交易至收市。2016年1月7日,早盘9时42分,沪深300指数跌幅扩大至5%,再度触发熔断线,两市于9时57分恢复交易后,沪深300指数再度向下,最大跌幅达到7.21%,二度熔断触及阈值,两市暂停交易至收市。2016年1月8日,上海证券交易所决定暂停实施"指数熔断"机制。经查,2016年1月4日,深证成指跌幅为8.2%,包装材料板块跌幅为7.61%,002565股票股价跌幅为9.96%;2016年1月7日,深证成指跌幅为8.23%,包装材料板块跌幅为8.92%,002565股票股价跌幅为9.75%;2016年1月8日,深证成指涨幅为1.2%,包装材料板块跌幅为0.12%,002565股票股价跌幅为0.53%。

另查明,被告顺灏公司原名上海绿新包装材料科技股份有限公司,于2016年12月9日更名。

本院认为,本案的争议焦点为:(1)被告顺灏公司是否存在虚假陈述行为;(2)虚假陈述揭露日的认定问题;(3)原告损失范围的认定问题。

关于争议焦点1,《最高人民法院关于审理证券市场因虚假陈述引发的民事赔偿案件的若干规定》(以下简称《若干规定》)第17条规定,证券市场虚假陈述,是指信息披露义务人违反证券法律规定,在证券发行或者交易过程中,对重大事件作出违背事实真相的虚假记载、误导性陈述,或者在披露信息时发生重大遗漏、不正当披露信息的行为。不正当披露,是指信息披露义务人未在适当期限内或者未以法定方式公开披露应当披露的信息。在本案中,根据上海证监局所作出的《行政处罚决定书》的认定,有关被告未依法履行披露义务涉及两项违法违规行为,发生时间分别为2012年和2014年。鉴于此,理应以时间在先的行为作为考量被告顺灏公司是否构成虚假陈述以及确定原告投资差额损失的依据。鉴于上述《行政处罚决定书》对被告顺灏公司未就其与王某之间的关联交易正当履行披露义务的违规行为已作出认定和处罚,而被告顺灏公司亦未就此提出行政复议及行政诉讼。故对于被告顺灏公司提出其未及时披露的信息不属于重大事件,其行为不构成虚假陈述的抗辩缺乏事实和法律依据,本院不予采信。

关于争议焦点2,《若干规定》第20条规定,虚假陈述揭露日是指,虚假陈述在全国范围发行或者播放的报刊、电台、电视台等媒体上首次被公开披露之日。被告顺灏公司于收到上海证监局对其信息披露违法违规《调查通知书》的次日即2016年4月29日在相关报刊、网站上公布了上述事宜,当日被告002565股票股价跌停。鉴于此,可以认定2016年4月29日的公告已足以达到在全国范围内解释系争虚假陈述行为的效果,对投资者起到了警示作用,原告主张以2016年4月29日为虚假陈述揭露日,具有事实和法律依据,本院予以采纳。

关于争议焦点3,在本案中,原告投资系争股票的行为发生于虚假陈述行为实施日至揭露日之间,如果原告在该期间的股票买入平均价与其卖出平均价或基准价存在差额,就相应的投资差额损失,被告顺灏公司理应承担相应的赔偿责任。关于投资差额损失的计算问题,《若干规定》第21条、第32条规定,投资人在基准日及以前卖出证券的,其投资差额损失,以买入证券平均价与实际卖出证券平均价之差,乘以投资人所持证券数量计算;投资人在基准日之后卖出或者仍持有证券的,其投资差额损失,以买入证券平均价与虚假陈述揭露日或者更正日起至基准日期间,每个交易日收盘价的平均价格之差,乘以投资人所持证券数量计算。

关于被告顺灏公司提出原告损失系由证券市场系统风险所致的抗辩理由,本院认为,《若干规定》第19条规定,被告举证证明原告具有以下情形的,人民法院应当认定虚假陈述与损害结果之间不存在因果关系:(1)在虚假陈述揭露日或者更正日之前已经卖出证券;(2)在虚假陈述揭露日或者更正日及以后进行的投资;(3)明知虚假陈述存在而进行的投资;(4)损失或者部分损失是由证券市场系统风险等其他因素所导致;(5)属于恶意投资、操作证券价格的。由此可见,若投资者的损失系因证券市场系统风险等虚假陈述以外其他因素所致,则虚假陈述行为主体不应就该部分损失承担赔偿责任。从现已查明的事实来看,2016年1月4日和7日,由于A股市场实施熔断,深证成指、包装材料板块指数及被告002565股票股价均发生大幅下跌的现象。因此,该两日002565股票大幅下跌所造成的原告投资损失系由市场风险所致,与被告顺灏公司的虚假陈述行为之间不存在因果关系,该部分损失不应由被告顺灏公司承担,理应在计算投资差额损失赔偿数额时予以扣除。至于应当扣除的比例,本院酌情认定为投资差额损失的20%。原告主张的佣金、印花税及利息损失,具有事实和法律依据,本院依法予以支持。

对于原告投资被告002565股票的损失,本院计算如下:

原告曾某某30××××××××××账户于实施日后、揭露日之前买入12,100股,揭露日之前卖出9700股,揭露日后、基准日之前卖出2400股,基准日之后不再持有适格股票。原告曾某某所持002565股票的买入平均价为12.88元[(127,433.60元-96,512元)÷(12,100股-9700股)],卖出平均价为7.78元(18,672元/2400股)。原告曾某某的投资差额损失为(12.88元-7.78元)×2400股=12,240元。故被告顺灏公司应当赔偿原告曾某某的投资差额损失为12,240元×80%=9792元。经计算,原告曾某某的印花税及佣金损失共计为12.73元。原告曾某某主张的利息应以投资损失9804.73元为基数,自2015年7月29日起计算至卖出之日2016年4月29日止,按照中国人民银行规定的同期活期存款利率计付。

原告曾某某88××××××××××账户于实施日后、揭露日之前买入26,100股,揭露日之前卖出20,100股,揭露日后、基准日之前卖出6000股,基准日之后不再持有适格股票。原告曾某某所持002565股票的买入平均价为10.71元[(273,342元-209,096元)÷(26,100股-20,100股)],卖出平均价为7.89元(47,340元/6000股)。原告曾某某的投资差额损失为(10.71元-7.89元)×600股=16,920元。故被告顺灏公司应当赔偿原告曾某某的投资差额损失为16,920元×80%=13,536元。经计算,原告曾某某的印花税及佣金损失共计为17.60元。原告曾某某主张的利息应以投资损失13,553.60元为基数,自买入之日2015年12月18日起计算至卖出之日2016年4月29日止,按照中国人民银行规定的同期活期存款利率计付。

综上,依照《若干规定》第2条第1款、第17条、第18条、第19条、第20条、第30条、第21条、第32条、第33条之规定,判决如下:

一、被告顺灏公司应于本判决生效之日起10日内赔偿原告曾某某投资损失人民币23,358.33元及利息(其中以人民币9,804.73元为基数,自2015年7月29日起计算至2016年4月29日止;以人民币13,553.60元为基数,自2015年12月18日起计算至2016年4月29日止,均按中国人民银行规定的同期活期存款利率计付);

二、驳回原告曾某某的其余诉讼请求。

如果未按照本判决指定的期间履行金钱给付义务,应当按照《民事诉讼法》第253条的规定,加倍支付迟延履行期间的债务利息。

本案案件受理费人民币685.70元,由原告曾某某负担人民币137.14元,被告顺灏公司负担人民币548.56元。

如不服本判决,可在判决书送达之日起十五日内,向本院递交上诉状,并按对方当事人或者代表人的人数提出副本,上诉于上海市高级人民法院。

审　判　长　王承畔
审　判　员　周　菁
人民陪审员　陈元旦
二〇一八年二月二十三日
法官助理　靳　轶
书　记　员　薛　皑

上海市高级人民法院民事判决书

(2018)沪民终325号

上诉人(一审被告):上海顺灏新材料科技股份有限公司(以下简称顺灏公司,原名上海绿新包装材料科技股份有限公司),住所地:(略)。

法定代表人:郭某,该公司总裁。

委托诉讼代理人:吴立骏,上海市东方剑桥律师事务所律师。

委托诉讼代理人:梅平,湖北昭信律师事务所律师。

被上诉人(一审原告):王某某(身份信息略)。

委托诉讼代理人:许平文,上海市广发律师事务所律师。

委托诉讼代理人:田立卿,上海市广发律师事务所律师。

上诉人顺灏公司因与被上诉人卢某、范某某、田某某、王某某、张某某证券虚假陈述责任纠纷一案,不服上海市第二中级人民法院(2017)沪02民初636号民事判决,向本院提起上诉。本院于2018年6月6日立案受理后,依法组成合议庭,公开开庭进行了审理。本案审理过程中,卢某、范某某、田某某、张某某申请撤回起诉,顺灏公司向本院表示同意并申请撤回对卢某、范某某、田某某、张某某的上诉,本院已裁定准许,并裁定撤销一审判决第1项、第2项、第3项、第5项及第6项中有关卢某、范某某、田某某、张某某的部分。上诉人顺灏公司的委托诉讼代理人吴立骏、梅平,被上诉人王某某的委托诉讼代理人田立卿到庭参加诉讼。本案现已审理终结。

顺灏公司上诉请求:撤销原判,改判驳回王某某的诉讼请求。事实和理由:(1)中国证券监督管理委员会(以下简称证监会)对顺灏公司的行政处罚涉及两项虚假陈述行为,分别对应不同的实施日及相应的揭露日。(2)本案揭露日应认定为2016年7月26日,即使以调查日为揭露日,也应认定顺灏公司公告收到《调查通知书》之日即2016年4月28日为揭露日。(3)涉案虚假陈述行为与投资者行为之间不存在交易上的因果关系。顺灏公司原董事长王某占用资金数额不大且2014年年底即已归还,情节轻微,不具有重大性,且涉案投资者是在顺灏公司2014年年报公布后买入系争股票,彼时该年报的内容是真实的。原判将行政处罚与民事赔偿简单等同是错误的。(4)原判对投资者的损失计算存在错误。本案应采用加权平均法计算投资者的损失,但被上诉人在计算时将投资者的损失纳入买入平均价中,夸大了实际损失。(5)原判确定的顺灏公司的赔付比例过高。顺灏公司并无实施虚假陈述的主观故意,其行为的危害程度较低,且系争股票价格下跌还存在熔断等系统风险因素。一审法院判令顺灏公司承担的责任比例高达80%,违背公平公正原则。

王某某辩称:(1)其在虚假陈述实施日之后买入系争股票,在揭露日之后继续持有至基准日,且本案不存在《最高人民法院关于审理证券市场因虚假陈述引发的民事赔偿案件的若干规定》(以下简称《若干规定》)第19条的情形,故其损失系由顺灏公司的虚假陈述行为导致。顺灏公司若否定其虚假陈述行为与投资者损失之间的因果关系,应当举证证明。(2)根据原判查明的交易记录,在指数熔断期间,其未进行系争股票的买入卖出交易,故其损失并未受到熔断机制的影响。原判认定事实清楚,适用法律正确,请求二审法院维持原判。

王某某向一审法院提出诉讼请求:顺灏公司赔偿王某某投资差额损失人民币167,620元(以下币种同)、佣金83.81元、印花税167.62元及利息556.54元(以投资差额损失及投资差额损失部分的佣金、印花税为基数,按照中国人民银行同期活期存款利率自买入之日2015年8月20日起计算至基准日2016年8月1日止)。

一审法院认定事实:

1. 顺灏公司系上市公司,其公开发行的A股股票名称原为上海绿新,后更名为顺灏股份,股票代码为002565,该股票属于包装材料板块。

2. 2016年4月28日,证监会向顺灏公司发出沪调查通字2016-1-039号调查通知书,载明:"因你公司涉嫌信息披露违法违规,根据《证券法》的有关规定,我会决定对你公司进行立案调查,请予以配合。"2016年4月29日,顺灏公司在《证券时报》、《证券日报》、《中国证券报》、《上海证券报》及巨潮资讯网披露了公司关于收到证监会调查通知书的公告。当日,顺灏公司002565股票收盘价下跌10.02%。2016年7月22日,中国证券监督管理委员会上海监管局(以下简称上海证监局)向顺灏公司等发出行政处罚事先告知书。同年7月27日,上海证监局向顺灏公司等发出沪(2016)5号《行政处罚决定书》,认定顺灏公司存在以下违法事实:(1)2012年至2014年,时任公司董事长的王某与顺灏公司之间连续多次发生资金往来,累计金额达到21,769,703.13元,已构成《上市公司信息披露管理办法》第71条所规定的关联交易,顺灏公司未按照《深圳证券交易所股票上市规则(2012年修订)》第10.2.3条等相关规定及时进行披露;(2)未按照《上市公司信息披露管理办法》第31条第2项规定及时披露顺灏公司于2014年3月28日与云南中云投资有限公司签订《股权转让意向协议》事项。上海证监局据此对顺灏公司进行了处罚。顺灏公司未针对上述处罚提出行政复议及行政诉讼。

3.2012年1月1日至2月29日,时任公司法定代表人王某与顺灏公司之间交易额累计达到30万元以上,但顺灏公司未能及时就上述关联交易进行披露。2016年4月29日至8月1日,顺灏公司002565股票累计成交量达到其可流通部分100%。经计算,上述期间该股票的均价为7.44元。

4.王某某投资002565股票的相关交易记录如下:(表略,详见一审判决书)

5.2015年12月4日,上海证券交易所发布的《上海证券交易所规则(2015年修订)》第四章第五节规定了"指数熔断"机制,规定熔断基准指数为沪深300指数,采用5%和7%两档阈值,该规则于2016年1月1日起实施。2016年1月4日,沪深两市早盘双双低开,沪深300指数于13时13分跌幅超过5%,引发15分钟熔断机制。13时28分,两市恢复交易后,沪深300指数继续下跌,并于13时34分触及7%的关口,再次引发熔断,两市暂停交易至收市。同年1月7日,早盘9时42分,沪深300指数跌幅扩大至5%,再度触发熔断线,两市于9时57分恢复交易后,沪深300指数再度向下,最大跌幅达到7.21%,二度熔断触及阈值,两市暂停交易至收市。2016年1月8日,上海证券交易所决定暂停实施"指数熔断"机制。经查,2016年1月4日,深证成指跌幅为8.2%,包装材料板块跌幅为7.61%,002565股票股价跌幅为9.96%;1月7日,深证成指跌幅为8.23%,包装材料板块跌幅为8.92%,002565股票股价跌幅为9.75%;1月8

日,深证成指涨幅为 1.2%,包装材料板块跌幅为 0.12%,002565 股票股价跌幅为 0.53%。

另查明,顺灏公司原名上海绿新包装材料科技股份有限公司,于 2016 年 12 月 9 日更名。

一审法院认为,本案的争议焦点为:(1)顺灏公司是否存在虚假陈述行为;(2)虚假陈述揭露日的认定问题;(3)王某某损失范围的认定问题。

关于争议焦点 1,《若干规定》第 17 条规定,证券市场虚假陈述,是指信息披露义务人违反证券法律规定,在证券发行或者交易过程中,对重大事件作出违背事实真相的虚假记载、误导性陈述,或者在披露信息时发生重大遗漏、不正当披露信息的行为。不正当披露是指信息披露义务人未在适当期限内或者未以法定方式公开披露应当披露的信息。在本案中,根据上海证监局所作出的《行政处罚决定书》的认定,有关顺灏公司未依法履行披露义务涉及两项违法违规行为,发生时间分别为 2012 年和 2014 年。鉴于此,理应以时间在先的行为作为考量顺灏公司是否构成虚假陈述以及确定投资差额损失的依据。鉴于上述《行政处罚决定书》对顺灏公司未就其与王某之间的关联交易正当履行披露义务的违规行为已作出认定和处罚,而顺灏公司亦未就此提出行政复议及行政诉讼。故对于顺灏公司提出其未及时披露的信息不属于重大事件,其行为不构成虚假陈述的抗辩,缺乏事实和法律依据,一审法院不予采信。

关于争议焦点 2,《若干规定》第 20 条规定,虚假陈述揭露日是指,虚假陈述在全国范围内发行或者播放的报刊、电台、电视台等媒体上,首次被公开披露之日。顺灏公司于收到上海证监局对其信息披露违法违规调查通知书的次日即 2016 年 4 月 29 日在相关报刊、网站上公布了上述事宜,当日顺灏公司 002565 股票股价跌停。鉴于此,可以认定 2016 年 4 月 29 日的公告已足以达到在全国范围内揭示系争虚假陈述行为的效果,对投资者起到了警示作用,王某某主张以 2016 年 4 月 29 日为虚假陈述揭露日,具有事实和法律依据,一审法院予以采纳。

关于争议焦点 3,在本案中,王某某投资系争股票的行为发生于虚假陈述行为实施日至揭露日之间,如果其在该期间的股票买入平均价与其卖出平均价或基准价存在差额,就相应的投资差额损失,顺灏公司理应承担相应的赔偿责任。关于投资差额损失的计算问题,《若干规定》第 31 条、第 32 条规定,投资人在基准日及以前卖出证券的,其投资差额损失,以买入证券平均价与实际卖出证券平均价之差,乘以投资人所持证券数量计算;投资人在基准日之后卖出或者仍持有证券的,其投资差额损失,以买入证券平均价与虚假陈述揭露日或者更正日起至基准日期间,每个交易日收盘价的平均价格之差,乘以投资人所持证券数量计算。

关于顺灏公司提出王某某损失系由证券市场系统风险所致的抗辩理由,一审法院认为,《若干规定》第 19 条规定,被告举证证明原告具有以下情形的,人民法院应当认定虚假陈述与损害结果之间不存在因果关系:(1)在虚假陈述揭露日或者更正日之前已经卖出证券;(2)在虚假陈述揭露日或者更正日及以后进行的投资;(3)明知虚假陈述存在而进行的投资;(4)损失或者部分损失是由证券市场系统风险等其他因素所导致;(5)属于恶意投资、操作证券价格的。由此可见,若投资者的损失系因证券市场系统风险等虚假陈述以外其他因素所致,则虚假陈述行为主体不应就该部分损失承担赔偿责任。从现已查明的事实来看,2016 年 1 月 4 日和 7 日,由于 A 股市场实施熔断,深证成指、包装材料板块指数及顺灏公司 002565 股票股价均发生大幅下跌的现象。因此,该两日 002565 股票大幅下跌所造成的王某某投资损失系由市场风险所致,与顺灏公司的虚假陈述行为之间不存在因果关系,该部分损失不应由顺灏公司承担,理应在计算投资差额损失赔偿数额时予以扣除。至于应当扣除的比例,一审法院酌情认定为投资差额损失的 20%。

对于王某某投资顺灏公司 002565 股票的损失,一审法院计算如下:

王某某于实施日后、揭露日之前买入 34,000 股,一直持有至基准日之后。王某某所持 002565 股票的买入平均价为 12.37 元(420,580 元 ÷ 34,000 股)。王某某的投资差额损失为:(12.37 元 - 7.44 元) × 34,000 股 = 167,620 元。故顺灏公司应当赔偿王某某的投资差额损失为 167,620 元 × 80% = 134,096 元。王某某主张的佣金、印花税及利息损失,具有事实和法律依据,一审法院依法予以支持。经计算,王某某的佣金及印花税损失共计为 201.14 元。王某某主张的利息应以投资损失 134,297.14 元为基数,自 2015 年 8 月 20 日起计算至基准日 2016 年 8 月 1 日止,按照中国人民银行规定的同期活期存款利率计付。

综上,依照《若干规定》第 2 条第 1 款、第 17 条、第 18 条、第 19 条、第 20 条、第 30 条、第 31 条、第 32 条、第 33 条之规定,判决如下:

一、顺灏公司应于本判决生效之日起十日内赔偿卢某投资损失 38,605.06 元及自 2015 年 6 月 12 日起至 2016 年 8 月 1 日止的利息(以 38,605.06 元为基数,按中国人民银行规定的同期活期存款利率计付);

二、顺灏公司应于本判决生效之日起十日内赔偿范某某投资损失 17,487.50 元及自 2015 年 4 月 13 日起至 2016 年 8 月 1 日止的利息(以 17,487.50 元为基数,按中国人民银行规定的同期活期存款利率计付);

三、顺灏公司应于本判决生效之日起十日内赔偿田某某投资损失 2,884.03 元及自 2016 年 1 月 8 日起至 2016 年 8 月 1 日止的利息(以 2,884.03 元为基数,按中国人民银行规定的同期活期存款利率计付);

四、顺灏公司应于本判决生效之日起十日内赔偿王某某投资损失 134,297.14 元及自 2015 年 8 月 20 日起至 2016 年 8 月 1 日止的利息(以 134,297.14 元为基数,按中国人民银行规定的同期活期存款利率计付);

五、顺灏公司应于本判决生效之日起十日内赔偿张某某投资损失 95,913.22 元及自 2015 年 11 月 12 日起至 2016 年 8 月 1 日止的利息(以 95,913.22 元为基数,按中国人民银行规定的同期活期存款利率计付);

六、驳回卢某、范某某、田某某、王某某、张某某的其余诉讼请求。

本院二审期间,当事人围绕上诉请求依法提交了证据。本院组织当事人进行了证据交换和质证。

顺灏公司向本院提交了以下证据材料:(1)顺灏公司的专项审计报告(2018 年 6 月出具),以此证明王某 2012 ~ 2014 年每年年末的借款余额情况;(2)王某资金占用情况表,以此证明王某于 2014 年年底前全部归还所占用资金,王某并非主观恶意占有;(3)2012 年及 2013 年半年度报告,以此证明顺灏公司已经公告王某占用资金金额,王某某看到公告后还买入系争股票,说明其投资决策与王某占用顺灏公司资金没有因果关系。

王某某质证称,对上述证据材料 1、3 的真实性无异议,对关联性有异议。证据材料 2 是顺灏公司单方制作的数据统计,不属于证据,对其真实性、合法性、关联性均不认可。上述证据材料均不能证明顺灏公司的虚假陈述行为与王某某的损失无关。

本院认证认为,王某某对顺灏公司提交的证据材料 1、3 的真实性无异议,本院对其真实性予以认定。证据材料 2 系顺灏公司单方制作,王某某对其真实性不予认可,本院亦不予采信。

本院经审理查明,原审法院查明的事实属实,本院予以确认。

本院另查明,2012 年 1 月 1 日至 2014 年 12 月 31 日,顺灏公司大股东王某共向顺灏公司借款 21,769,703.13 元,还款 21,769,703.13 元。其中 2012 年年末借款余额为 79,047.58 元,2013 年、2014 年年末借款余额为 0。顺灏公司在 2012 年半年度报告中的合并财务报表主要项目注释中披露王某借款余额为 414,769.50 元。2013 年半年度报告中的母公司财务报表主要项目注释中披露王某借款余额为 3,700,731 元。

本院认为,本案二审阶段存在如下争议焦点:(1)系争证券虚假陈述行为的实施日如何认定;(2)系争证券虚假陈述行为的揭露日如何认定;(3)本案虚假陈述行为与投资者买入证券的行为之间是否存在交易上的因果关系;(4)本案投资者的投资差额损失应如何计算;(5)虚假陈述行为人应对投资者的损失承担何种比例的赔付责任。对此,本院分述如下。

一、系争证券虚假陈述行为的实施日如何认定

顺灏公司称,本案涉及两项虚假陈述行为,应认定两个不同的实施日。对此本院认为,根据《若干规定》第 20 条相关规定,虚假陈述实施日是指作出虚假陈述或者发生虚假陈述之日。根据证监会〔2016〕5 号《行政处罚决定书》,本案涉及的顺灏公司虚假陈述行为包括未披露时任顺灏公司董事长王某与公司之间的资金往来以及未披露顺灏公司与案外人云南中云投资有限公司签订的《股权转让意向协议》。因此,本案两项虚假陈述行为的发生时间确有所不同。就本案投资者而言,其买入股票的行为可能受到上述一项或两项虚假陈述行为的影响,凡是在第一项虚假陈述行为发生后买入证券并持有至揭露日的投资者,均符合《若干规定》第 18 条确定的可请求赔偿的投资者范围,投资者亦无须明确其具体针对哪一项虚假陈述行为提起诉讼。因此,以在先虚假陈述行为的发生日作为本案虚假陈述行为的实施日,符合相关法律规定,有利于公平保护证券市场投资者权益,本院予以认可。顺灏公司的此项上诉理由不能成立,本院不予采纳。

二、系争证券虚假陈述行为的揭露日如何认定

顺灏公司称,本案揭露日应为 2016 年 7 月 26 日,即使按照《调查通知书》的公告时间,也应为 2016 年 4 月 28 日。对此,本院认为:(1)根据《若干规定》第 20 条的规定,虚假陈述揭露日,是指虚假陈述在全国范围发行或者播放的报刊、电台、电视台等媒体上,首次被公开揭露之日。虚假陈述被揭露的实质意义在于向市场发出警示信号,提示投资者重新评估上市公司及其股票价值,从而理性地作出投资决定。(2)在本案中,证监会《调查通知书》载明顺灏公司涉嫌信息披露违法违规,明确了顺灏公司违法行为的性质。(3)从市场反应看,该《调查通知书》公告后公司股价即发生跌停,反映出该公告对市场及投资者的警示作用。(4)关于《调查通知书》公告的具体日期,因顺灏公司于 2016 年 4 月 28 日发布公告时间晚于股票交易时间,由此产生股价变化只能在次日体现。综上,一审法院以 2016 年 4 月 29 日作为虚假陈述揭露日,具有充分的事实依据和

法律依据,本院予以认可。

三、关于本案虚假陈述行为与投资者买入证券的行为之间是否存在交易上的因果关系

顺灏公司称,其原董事长王某的资金占用行为较为轻微,不具有重大性,与投资者的投资行为之间不存在交易上的因果关系。对此,本院认为,上市公司实际控制人占用公司资金是一种典型的侵犯公司及中小股东利益的行为。如果公司存在此种行为,无疑将影响投资者对公司治理水平和管理层诚信程度的评价,从而影响投资决策。该行为被证监会实施处罚,亦足以证明其对市场公平性和透明度的危害程度。顺灏公司以资金占用数额不大以及占用后予以归还等理由,否认本案虚假陈述的交易因果关系,其合理性难以成立,本院不予采纳。

四、本案投资者的投资差额损失应如何计算

顺灏公司称,本案应采用加权平均法确定投资者的证券买入均价。对此,本院认为,关于如何确定投资者的证券买入均价,相关法律和司法解释均未作出明确规定。在实践中,各地法院亦采取不同的计算方法。采取任何一种计算方法,对于每个投资交易而言亦会发生不同影响,并不存在对投资者或上市公司任何一方产生绝对不利或绝对有利的结果。法院可以结合具体案情,依据维护市场公平公正、充分保护投资者权益的原则,确定相应的计算方法。本案一审法院采用的证券买入均价确定方法不违反法律规定,其计算所得投资者的投资差额损失,本院亦予以认可。

五、虚假陈述行为人应对投资者的损失承担何种比例的赔付责任

顺灏公司称,考虑本案虚假陈述行为的过错程度和危害程度以及市场系统风险因素,一审法院确定的赔付比例过高。对此本院认为:(1)证券虚假陈述民事赔偿责任的目的在于保护投资者合法权益,遏制证券欺诈行为,维护公平、公开、公正的资本市场秩序。上市公司所应承担赔偿责任,亦应与其行为的过错程度以及对市场的危害程度相匹配。在本案中,考虑顺灏公司未予披露的资金占用的数额、时间等因素,与严重的财务造假等证券侵权行为相比,其过错程度和危害程度相对较低。(2)确定虚假陈述行为人赔付比例时,应当扣除投资者因证券市场系统风险造成的投资损失。本案虚假陈述的实施日至揭露日期间,我国证券市场发生了大幅波动,并数次触发市场熔断机制。上述因素对市场内所有证券均发生价格影响,无法通过投资选择予以规避,故可认定为市场系统风险,应在计算赔偿金额时予以考虑。(3)综合考虑本案虚假陈述行为的过错程度、市场系统风险影响比例等因素,本院酌定顺灏公司的赔付金额为投资者的投资

差额损失的 50% ,即顺灏公司应当赔偿王某某的投资差额损失为 167,620 元 × 50% = 83,810 元,王某某的佣金及印花税损失共计为 125.72 元。王某某主张的利息应以投资损失 83,935.72 元为基数,自 2015 年 8 月 20 日起计算至基准日 2016 年 8 月 1 日止,按照中国人民银行规定的同期活期存款利率计付。

综上所述,顺灏公司构成证券虚假陈述侵权,应对受侵权的投资者承担相应民事赔偿责任。本案投资者在实施日到揭露日期间买入股票并持有至揭露日,存在投资差额损失,有权要求虚假陈述行为人予以赔偿。本案一审法院对投资者的投资差额损失计算符合法律及司法解释规定,本院予以认可;但一审法院确定的虚假陈述行为人赔付比例有所不当,本院予以调整。依照《民事诉讼法》第 170 条第 1 款第 2 项、第 175 条之规定,判决如下:

一、撤销上海市第二中级人民法院(2017)沪 02 民初 636 号民事判决;

二、顺灏公司应于本判决生效之日起十日内赔偿王某某投资损失人民币 83,935.72 元及自 2015 年 8 月 20 日起至 2016 年 8 月 1 日止的利息(以人民币 83,935.72 元为基数,按中国人民银行规定的同期活期存款利率计付);

三、驳回王某某的其余诉讼请求。

如果未按本判决指定的期间履行给付金钱义务,应当依照《民事诉讼法》第 253 条的规定,加倍支付延迟履行期间的债务利息。

与王某某诉讼请求对应的一审案件受理费人民币 3,668.56 元,由顺灏公司与王某某各自负担人民币 1834.28 元;涉及王某某的二审案件受理费人民币 2985.94 元,由顺灏公司负担人民币 1866.21 元,由王某某负担人民币 1119.73 元。

本判决为终审判决。

审 判 长 高 琼

审 判 员 范雯霞

审 判 员 程 功

二〇一九年十二月三十日

书 记 员 严伟超

本案相关新闻报道

投服中心首次发布维权征集公告
索赔上海绿新实际控制人[①]

2016年7月和8月，投服中心接受中小投资者申请，先后对“匹凸匹”案、康达新材案虚假陈述行为提起证券支持诉讼，协助中小投资者依法索赔，获得普遍好评。投服中心现启动第三例证券支持诉讼，首次在全国范围内公开征集因上海绿新包装材料科技股份有限公司（以下简称上海绿新，现更名为上海顺灏新材料科技股份有限公司，股票代码002565，股票简称顺灏股份）虚假陈述受损的中小投资者。

中小投资者点赞证券支持诉讼　要求继续扩大惠及面

从维权实践来看，占据我国资本市场绝大多数的中小投资者，往往不知道其权益是否被侵害，知道权益被侵害的也不知道该怎么维权，其诉讼维权往往因专业能力缺乏、耗时久和成本高而维权效果不佳。2016年，投服中心先后针对两家上市公司虚假陈述提起证券支持诉讼，帮助中小投资者索赔258万元，广大中小投资者看到了便捷维权的希望。

投服中心开展证券支持诉讼，帮助处于弱势的中小投资者实现了与上市公司及实际控制人等侵权行为人在诉讼地位和能力上的对等，不少中小投资者纷纷点赞。中小投资者申请支持诉讼，操作简便易行，只需要在诉讼法律文件上签字委托即可，准备诉讼材料、委派诉讼代理人均由投服中心负责。中小投资者不需要支付律师费，向法院预交的案件受理费也能在胜诉后予以返还。案件受理费通常约占索赔金额的2%，索赔金额不超过1万元的仅需交纳50元。

经中华全国律师协会推荐，投服中心聘请了一批实务经验丰富、专业能力过硬和热心公益的律师，组建了公益律师团。2016年10月康达新材案首次开庭，投服中心委派的公益律师和工作人员准备充分、说理翔实，为中小投资者合法权益据理力争。

证券支持诉讼节省了投资者的时间精力和费用，中小投资者得到了实惠。越来越多投资者敢于向权益侵害行为说“不”，纷纷要求投服中心支持诉讼，迫切希望投服中

① 赵一蕙：《投服中心首次发布维权征集公告　索赔上海绿新实际控制人》，载中国证券网：http://news.cnstock.com/paper,2017-03-17,791595.htm，最后访问日期：2020年7月15日。

心扩大支持诉讼的覆盖面,让更广范围的投资者受益。

全国范围内征集　更多中小投资者得“实惠”

为更好地保护更多中小投资者,投服中心针对上海绿新虚假陈述,首次公开征集受损投资者,汇集全国各地中小投资者的力量,帮助他们提起诉讼,索赔实际控制人和上海绿新。

全国范围公开征集,服务的投资者范围更广、申请支持诉讼的投资者数量更多、帮投资者挽回的损失金额更大。公开征集方式不仅惠及申请支持诉讼的投资者,还可以为广大投资者提供维权示范,强化他们的维权意识,鼓励他们主动拿起法律武器维权。广大投资者无论是否在具体个案中受损,都可以了解投服中心发布的征集公告和维权材料,对这一类案件能不能索赔、怎么走诉讼索赔流程、需要准备哪些诉讼材料等问题就会有直观的认识,切身参与者更是边实践边了解,获得了深刻的维权体验。

当然诉讼存在一定的风险,投资者申请支持诉讼时需要注意一些问题,比如,诉讼结果不确定、赔付金额因个案情况会有一定扣除比例、时间长短因审判进程有所变化等。目前,虚假陈述民事赔偿诉讼被告大多已被监管机关行政处罚,其侵权行为事实较为清楚。投服中心本着对投资者负责的认真态度,对每个支持诉讼案件都作了大量扎实的准备工作,积极采取各种措施控制诉讼风险,为中小投资者争取最大化利益。

提示投资者关注征集公告　依法索赔上海绿新

2016 年 7 月 27 日,因上海绿新未依法披露与其实际控制人王某关联交易、未依法披露重大事件签署意向协议事项,上海证监局对上海绿新及其实际控制人王某等责任主体作出行政处罚。

投服中心现公开征集受损中小投资者,起诉实际控制人王某和上海绿新承担连带赔偿责任。王某同时是时任董事长和总经理,将其作为第一被告追究赔偿责任,旨在警示和督促上市公司的董事、监事和高管勤勉尽责,强化其责任意识。

如果投资者 2014 年 4 月 2 日至 2016 年 4 月 28 日买入了上海绿新的股票(代码为 002565)且在此期间未全部卖出,在 2016 年 4 月 29 日及以后卖出或继续持有股票,并且因此遭受损失,那么投资者很有可能符合索赔条件,可依法起诉王某、上海绿新等责任主体。需要特别提示的是,如果投资者低买高抛或者一直持有股票,尽管按市价计算可能处于浮盈状态,但只要符合上述条件,就有可能因虚假陈述遭受了损失,不清楚的投资者可主动与投服中心取得联系,我们将协助投资者进行计算,判断是否受损。

在此,投服中心呼吁广大中小投资者及时了解自身权益状况,根据投服中心发布的

《征集公告》对照了解自己是否属于适格受损投资者。凡因上海绿新上述虚假陈述行为受损的投资者,均可按照《征集公告》所列条件和要求,向投服中心申请证券支持诉讼,在投服中心的专业协助下,用好、用足法律所赋予的索赔权利。

投服中心提示广大中小投资者密切关注《征集公告》,符合条件的请及时与投服中心取得联系。打击证券欺诈等侵权行为,强化证券侵权民事责任追究,净化资本市场法治秩序,离不开每一位中小投资者的积极参与。

尔康制药案

董某等诉帅放某、湖南尔康制药股份有限公司等证券虚假陈述责任纠纷案

尹湘南* 刘 雨**

2019年12月28日,第十三届全国人大常委会第十五次会议审议通过了修订后的《证券法》(以下简称新《证券法》),新《证券法》已经于2020年3月1日起正式施行。其中,有几大亮点,如"全面推行注册制、投资者保护及信息披露独立成章、加大对违法行为的惩罚力度、首次确立投资者的集体诉讼制度"等。投资者保护独立成章的出现,意味着将直接按照不同风险识别和风险承受能力来划定投资者的投资范围,要求投资者理性投资;同时,强化信息披露义务人的信息披露要求,其披露的信息应当真实、准确、完整等,不得有虚假记载、误导性陈述或者重大遗漏;对违法行为的加重惩罚,将是对发行人、上市公司等主体的重磅警示。此外,首次确立的投资者集体诉讼制度重在着力保护中小投资者,这意味着投资者的维权成本将进一步降低,新《证券法》规定的"明示退出、默示加入"将为后续的投资者带来极为便利的维权方式,同时也在一定程度上为法院在个案投资者的适格主体身份的识别工作提供了更为便捷的模式。2019年《全国法院民商事审判工作会议纪要》(以下简称《九民纪要》)在关于证券纠纷案件的审理中也相应提出可以在传统的"一案一立、分别审理"的基础上根据《民事诉讼法》第54条之规定逐步开展代表

* 投服中心公益律师、上海兰迪(长沙)律师事务所主任,尔康制药虚假证券支持诉讼案件代理人。

** 上海兰迪(长沙)律师事务所律师,尔康制药虚假证券支持诉讼案件代理人。

人诉讼方式试点工作。距新《证券法》实施不到一个月的时间,上海金融法院于2020年3月24日也发布《上海金融法院关于证券纠纷代表人诉讼机制的规定(试行)》,进一步对新《证券法》中的集体诉讼进行明确规定,这给保护中小投资者,加强市场投资信心,促进证券市场的良好运行打了一剂强心针。

案情简介

(一)本案的主要诉讼参加人

本案主要被告——帅放某,任湖南尔康制药股份有限公司(以下简称尔康制药公司)的董事长,亦系尔康制药公司法定代表人和实际控制人。

本案被告之一——尔康制药公司,系在深圳证券交易所上市的一家上市公司,涉诉时的法定代表人为帅放某。[①]

本案原告均为尔康制药公司的中小投资者,系从二级市场购买该公司股票的散户,因尔康制药公司证券虚假陈述导致股价下跌而受有亏损。

本案原告方的诉讼代理人为投服中心公益律师、湖南省律师协会常务理事、副秘书长、上海兰迪(长沙)律师事务所主任尹湘南律师及其团队。

(二)诉讼的起因

2016年4月6日,尔康制药公司发布《2015年年度报告》。

2017年4月21日,尔康制药公司发布《2016年年度报告》。

2017年8月10日,尔康制药公司在巨潮资讯网发布《关于收到中国证监会调查通知书的公告》(以下简称《调查通知书》),披露尔康制药公司收到证监会《调查通知书》。《调查通知书》的内容为:因尔康制药公司涉嫌信息披露违法违规,根据2014年《证券法》的有关规定,证监会决定对尔康制药公司进行立案稽查。

2017年11月23日,尔康制药公司发布《关于媒体报道自查报告的公告》,就之前媒体质疑的关联交易、中国海关关于木薯淀粉及改性淀粉的进口数据等问题进

① 该公司的基本信息:股票简称:尔康制药,股票代码:300267,上市时间:2011年9月27日,住所地:湖南省浏阳市浏阳经济开发区康平路167号,主营业务:医药产品的研发、生产和销售。相关信息源于国家企业信用信息公示系统(http://www.gsxt.gov.cn/index.html)和巨潮资讯网(http://www.cninfo.com.cn)。

行了澄清,并对尔康制药公司2016年年度财务报告出现的重大会计差错进行了说明。尔康制药公司在该公告称,本次自查发现的问题将对公司2016年度的业绩造成一定影响,净利润预计将减少231,030,762.00元。同日,该公司还发布了《关于公司股票复牌的提示性公告》,披露公司将于2017年11月23日开市起复牌。

2018年4月18日,尔康制药公司发布《关于收到中国证监会行政处罚事先告知书的公告》,该公告披露了尔康制药公司的下列违法事实:(1)2015年涉嫌虚增营业收入18,058,880元,虚增利润15,859,735.04元,占当期合并报表披露营业收入的1.03%,净利润的2.62%;(2)2016年涉嫌虚增营业收入255,075,191.84元,虚增净利润232,254,448.80元,占当期合并报表披露营业收入的8.61%,净利润的22.63%。

2018年6月11日,中国证券监督管理委员会湖南证监局(以下简称湖南证监局)作出(2018)2号《行政处罚决定书》,其主要内容为:(1)2015年,尔康制药公司全资子公司湖南尔康(香港)有限公司(以下简称尔康香港公司)将从另一全资子公司湖南尔康(柬埔寨)投资有限公司(以下简称尔康柬埔寨公司)购入的200吨改性淀粉通过广州某食品公司、上海某实业公司等中间商间接销往尔康制药公司,为此,尔康香港公司确认营业收入18,058,880元,确认净利润15,859,735.04元。(2)2016年,尔康香港公司将从尔康柬埔寨公司购入的1878吨改性淀粉通过广州某食品公司、上海某实业公司等中间商间接销往尔康制药公司,为此,尔康制药公司确认营业收入229,315,853.50元,确认净利润208,981,130.18元。以上两点所述经济业务不应确认为销售收入,因尔康制药公司从全资子公司全额现款购入原料不具有商业合理性,商品所有权上的主要风险和报酬没有发生转移,相关经济利益没有实际流入,商品的实际控制权没有发生转移。尔康香港公司的会计处理不符合现行《企业会计准则第14号——收入》的规定。(3)尔康制药公司全资子公司尔康柬埔寨公司存在216吨改性淀粉销售退回未确认,虚增营业收入25,759,338.34元,虚增净利润23,273,318.62元。因企业已经确认销售商品收入的售出商品发生销售退回的,应当在发生时冲减当期销售商品收入,尔康制药公司的会计处理不符合《企业会计准则第14号——收入》第9条的规定。综上,尔康制药公司2015年年度财务报表虚增营业收入18,058,880元,虚增净利润15,859,735.04元,占当期合并报表披露营业收入1,755,998,915.76元的1.03%,披露净利润604,578,672.02

元的 2.62%。2016 年年度财务报表虚增营业收入 255,075,191.84 元,虚增净利润 232,254,448.80 元,占当期合并报表披露营业收入 2,960,896,815.03 元的 8.61%,披露净利润 1,026,434,494.30 元的 22.63%。帅放某时任尔康制药公司的董事长、法定代表人、公司负责人。刘某某时任该公司董事、总经理,负责公司日常运营。帅放某、刘某某是信息披露违法行为直接负责的主管人员,二人均在该公司 2015 年、2016 年年度报告上签字。证监会认为,尔康制药公司的上述行为违反了 2014 年《证券法》第 63 条、第 68 条之规定,构成了 2014 年《证券法》第 193 条第 1 款所述违法行为。根据尔康制药公司和帅放某、刘某某等相关责任人员违法行为的事实、性质、情节和社会危害程度,依据 2014 年《证券法》第 193 条第 1 款之规定,证监会决定:对尔康制药公司责令改正,给予警告并处以 60 万元罚款;对直接负责的主管人员帅放某、刘某某给予警告并分别处以 30 万元罚款;处罚决定书还对其他相关责任人员分别给予了处罚。

以上事实,早在 2017 年 5 月 9 日,微信公众号"市值风云"发布的标题为《强烈质疑尔康制药涉嫌严重财务舞弊:中国海关喊你来对账!》的文章中,就有媒体质疑尔康制药公司财务报表造假。文章对尔康制药公司的子公司尔康柬埔寨公司 18 万吨药用木薯淀粉生产项目的实际盈利能力、公司固定资产扩增、已缴纳房产税与房建项目不匹配等情况进行质疑。2017 年 12 月 4 日,帅放某在面对媒体时,也豪言称"只要我活着,就要把它全部赔掉",当天,尔康制药公司股价回升,收盘时大涨 5.43%。

(三)诉讼的发生

自尔康制药公司财务造假事件被证监会于 2018 年 6 月处罚后,投资者马上反应并立即诉至湖南省长沙市中级人民法院(以下简称长沙中院)。2018 年 8 月 13 日,尔康制药公司收到长沙中院出具的《应诉通知书》等相关法律文书,涉及 125 起证券虚假陈述责任纠纷案件,诉讼金额共计 35,841,641.10 元;2018 年 8 月 16 日,尔康制药公司又公告其收到长沙中院出具的《应诉通知书》等相关法律文书,涉及 130 起证券虚假陈述责任纠纷案件,诉讼金额共计 83,044,812.96 元……自此之后,投资者便踏上了维权之路,均先后向长沙中院提起诉讼,要求尔康制药公司就信息披露违法行为承担民事赔偿责任。此时,投服中心为帮助更多中小投资者依法维权,通过委派证券公益律师的方式,向公益律师团成员尹湘南发送《尔康制药虚假陈述民事赔偿支持诉讼公益律师指派函》,后公益律师代理董某等4位投资者在长沙中院向尔康制药公司及帅放某提起索赔诉讼。2019年1月24日,长沙中院对尹湘南律师代理的4个案件分别进行立案。

索赔方案确定

(一)索赔前提:虚假陈述信息披露内容重大性标准

2015年12月24日,《最高人民法院关于当前商事审判工作中的若干具体问题》中提到,立案登记制实施后,证券案件的审理在程序及实体方面发生变化,强调在实体方面要正确理解证券侵权民事责任的构成要件,要在传统民事侵权责任的侵权行为、过错、损失、因果关系四个构成要件中研究证券侵权行为重大性、交易因果关系的特殊的质的规定性。因此,在代理尔康制药公司证券虚假陈述纠纷案件中,我们首先研究尔康制药公司的信息披露行为是否构成虚假陈述,并且是否具有重大性,再而研究其行为在侵权四要件上的具体构成。

何谓虚假陈述,根据2014年《证券法》第69条之规定,即在证券发行及交易过程中,对招股说明书、公司债券募集办法、财报等重大事件的信息披露资料中,有虚假记载、误导性陈述或重大遗漏。在尔康制药公司案件中,证监会作出的《行政处罚决定书》中已经就尔康制药公司虚假陈述的事实作出调查结果认定,尔康制药公司在2015年、2016年年报中虚增收入及利润,作出违背事实真相的披露,违反2014年《证券法》等相关规定,构成法律规定的虚假陈述。何谓重大性?《最高人民法院关于当前商事审判工作中的若干具体问题》也明确规定了重大性是指违法行为对投资者决定的可能影响,其主要衡量指标可以通过违法行为对证券交易价格和交易量的影响来判断。但代理人认为,证券交易价格和交易量并非判定虚假陈述行为具有重大性的唯一标准,因为"重大性"的概念本身就是相对的,只有将与"重大性"相关的事实放置在"周围环境"①中予以审查的时候,才能够定义虚假陈述行为是否足以对股票市场产生实质性影响。因此,在虚假陈述和重大性分析的前提下,代理人也依据证券虚假陈述的四要件对本案的代理思路进行阐述。

① 参见杨旭、何积华编:《证券虚假陈述民事案件裁判规则研究》,北京大学出版社2018年版,第66页。

1. 存在侵权行为

如前所述，尔康制药公司披露的2015年、2016年年报中存在虚增收入及利润的情形，该行为已经被证监会查处并处以顶格罚款。因此，尔康制药公司违背2014年《证券法》第63条信息披露应当真实、准确、完整，不得有虚假记载、误导性陈述或重大遗漏的规定，构成证券虚假陈述，存在侵权行为。

2. 存在过错

证券虚假陈述案件作为特殊的侵权案件，2014年《证券法》第69条对不同的虚假陈述行为人的归责原则作出了不同的规定。该条规定了发行人、上市公司对虚假陈述承担无过错责任；发行人、上市公司的董事、监事、高级管理人员和其他直接责任人员以及保荐人、承销的证券公司对虚假陈述承担过错推定责任，如果其能证明自己没有过错，则不承担相应的民事责任；发行人、上市公司的控股股东、实际控制人有过错的，应当与发行人、上市公司承担连带赔偿责任。在本案中，尔康制药公司作为上市公司应当对其虚假陈述行为承担无过错责任，只要其损害他人民事权益，不论是否具有主观上的过错，均应当承担侵权责任。帅放某作为公司董事及其负责人适用的是过错推定责任，在其无法举证证明自己没有过错的情况下，则应当承担侵权责任，而且帅放某在收到证监会的行政处罚决定后，其并未通过行政复议或行政诉讼的方式举证证明自己是没有过错的，就应当按照《侵权责任法》之规定承担侵权责任。

3. 投资人具有损失

在本案中，根据在诉前进行的研讨，4位投资者按照我们认定的“两日”（实施日和揭露日）均可落入适格投资者的范围。因法院经常在案件中将投资者的实际损失与是否具有因果关系一同论证，该点将在因果关系中详细阐述。

4. 侵权行为与损失之间具有因果关系

证券虚假陈述纠纷因果关系中的“因”包含多种因素，是投资者在法律上获得民事赔偿的核心问题。但资本市场的多样化及证券投资行为并非像一般交易能够面对面进行，要举证证明信息披露行为人的虚假陈述行为与投资者的损失之间具有因果关系是非常不现实的。因此《最高人民法院关于审理证券市场因虚假陈述引发的民事赔偿案件的若干规定》（以下简称《若干规定》）第18条规定了投资者损失与虚假陈述行为之间的“推定信赖原则”[①],即要满足因果关系,必须满足三个条件:(1)投资者所投资的是与虚假陈述直接关联的证券;(2)投资者在虚假陈述实施日及以后,至揭露日或者更正日之前买入该证券;(3)投资者在虚假陈述揭露日或者更正日及以后,因卖出该证券发生亏损,或者因持续持有该证券而产生亏损。对于该条规定的虚假陈述实施日、揭露日或者更正日的确定则为因果关系中的另一核心问题,在尔康制药公司案件的代理中,可以通过以下方式确定日期。

(1)虚假陈述实施日

根据《若干规定》第20条第1款的规定,虚假陈述实施日,是指作出虚假陈述或者发生虚假陈述之日。确定实施日的目的,是判断信息披露义务人的虚假陈述行为何时对股票市场产生影响。在本案中,证监会的《行政处罚决定书》中已经认定尔康制药公司在2015年、2016年年报中均有虚假陈述行为,两份年报中虚增的情节一致,均为虚增收入及利润,可以推定在2016年年报披露的内容中是涵盖2015年虚增收入及利润的,可见,2015年的财务造假并非只是偶然出现,就如前所述的应当将案件重大性标准放置于“周围环境”中,因此不能割裂2016年年报与2015年年报之间的重大联系。此点早在2015年绿大地(云投生态)案中就有体现,法院认为:“经云南省昆明市中级人民法院(2012)昆刑一初字第73号刑事判决书认定,绿大地公司在其2007年12月6日公布的《招股说明书》及其后的2007年年报、2008年半年报、2008年年报、2009年半年报、2009年年报中均存在不同程度的虚增资产、虚增收入的事实,上述事实构成证券市场虚假陈述。从事实上来看,绿大地公司虚假陈述行为内容均为虚增资产和虚增收入,其实施时间具有连续性和一贯性;在逻辑上,绿大地公司在《招股说明书》中的虚增资产、虚增收入行为必在其后续的半年报、年报中予以体现。故绿大地公司的一系列虚假陈述行为内容一致、性质相同,其虚假陈述实施日应为其一系列虚假陈述行为首次实施之日,即其发布《招股说明书》之日。本院确认绿大地公司虚假陈述实施日为其一系列虚假陈述行为最早发生时间。”

---

① 参见南京市中级人民法院(2015)宁商初字第161号,法院对投资人的损失与虚假陈述行为之间因果关系总结为推定信赖原则:投资人无须证明自己信赖了虚假陈述行为才作出投资,只要证明其所投资证券的价格受到虚假陈述行为的影响,即可予以认定。如果信息披露义务人认为投资人的损失与其虚假陈述行为之间不存在因果关系的,应提出相应的反证。

因此,投服中心认为尔康制药公司发布 2015 年年报之日,即 2016 年 4 月 6 日为本案实施日。

(2)虚假陈述揭露日

根据《若干规定》第 20 条第 2 款的规定,虚假陈述揭露日的认定标准包括:①范围的全国性;②公开的首次性。界定揭露日主要在于限定索赔的范围,通过揭露被掩盖的事实真相,达到警示投资者的目的。而在司法实践中,法院的裁判标准不一,往往会有不同的揭露日认定标准。通过对已生效判决案例的统计,法院通常会将《立案调查通知》公告日、《行政处罚事先告知书》公告日、《行政处罚决定》公告日、《行政监管措施决定书》公告日、刑事判决生效日、媒体揭露报道日等日期作为虚假陈述揭露日。

在本案中,代理人认为,尔康制药公司公告证监会《调查通知书》之日即 2017 年 8 月 10 日为揭露日。其一,法律规定的揭露日旨在向股票市场发出警示信号,要求投资者对其投资行为及其投资价格重新审视并作出谨慎的决定。《调查通知书》中已经明确载明"敬请广大投资者理性投资,注意投资风险"的警示标语,就在一定程度上提醒了投资者,并切断了投资者在《调查通知书》公告后再行投资虚假陈述所关联的股票之间的因果关系,并被《若干规定》第 18 条排除在外;其二,《调查通知书》虽然未列明详细具体的信息披露违法违规行为,但证监会在作出初步的立案调查时,应当是建立在信息披露义务人出现信息披露违法违规端倪的情形下立案稽查的,否则不足以达到证监会立案调查之标准;其三,尔康制药公司披露的信息网站为巨潮资讯网,而巨潮资讯网为证监会指定的上市公司信息披露网站,完全具备《若干规定》中"全国范围发行或者播放的报刊、电台、电视台等媒体上"的要求。因此,将《调查通知书》公告日定为揭露日完全符合法律之规定,同样也能对投资者产生足够的警示。

(3)系统性风险的排除

证券虚假陈述纠纷案件作为特殊的侵权案件,不同于一般的侵权案件,行为人抗辩阻却因果关系的重要因素"系统性风险"在案件的审理中往往成为被告的有利"法宝"。《若干规定》第 19 条规定了当损失或部分损失是由证券市场系统风险等其他因素所导致的,人民法院应当认定虚假陈述与损害结果之间不存在因果关系。因此,实务中被告往往会从大盘指数、行业指数、流通市值、国内外经济环境、政治环境、自然灾害等多方面举证投资者受有的损失源自于此,以此达到证明投资者的损失并非因虚假陈述行为所造成的目的。而在本案中,代理人通过分析尔康制药公司所属医药行业及深证成指的走势图发现,2016年4月6日(实施日)至2017年8月10日(揭露日),尔康制药公司股价虽呈现轻微下跌趋势但其走势与涨跌幅基本与大盘保持一致,但2017年8月10日至2019年1月23日(基准日,下文所指同),在深证成指和医药行业股价均呈上涨趋势时,尔康制药股价却暴跌42%,与大盘及同行业股价涨幅趋势相背离,即表明在揭露日至基准日期间,尔康制药公司股票不存在因系统性风险导致股价下跌的情形。

因此,本案投资者在2016年4月6日后、2017年8月10日前购买尔康制药公司股票,又在2017年8月10日后出售或继续持有股票而遭受的亏损与尔康制药公司的虚假陈述行为存在因果关系。

综上分析,代理人认为,帅放某等人及尔康制药公司的信息披露违法违规行为满足侵权行为的构成要件,应当对符合条件的投资者承担损害赔偿责任。

(二)适格原告及索赔区间的确定

根据《若干规定》第18条的规定,适格原告应符合三个法定条件:(1)投资人所投资的是与虚假陈述直接关联的证券;(2)投资人在虚假陈述实施日及以后,至揭露日或者更正日之前买入该证券;(3)投资人在虚假陈述揭露日或者更正日及以后,因卖出该证券发生亏损或者因持续持有该证券而产生亏损。因此,在上述已经确定证券虚假陈述实施日、证券虚假陈述揭露日的前提下,通过对投服中心支持诉讼的4个投资者的证券交易流水进行分析,进而确定选取的索赔区间为2016年4月6日至2017年8月10日买入尔康制药公司股票并于2017年8月11日之后卖出或继续持有尔康制药公司股票,并因此产生亏损的。

(三)赔偿责任人及首要被告的确定

证券虚假陈述案件作为特殊的侵权案件,2014年《证券法》第69条对不同的虚假陈述行为人的归责原则作出了不同的规定。该条规定了发行人、上市公司对虚假陈述承担无过错责任;发行人、上市公司的董事、监事、高级管理人员和其他直接责任人员以及保荐人、承销的证券公司对虚假陈述承担过错推定责任,如果其能证明自己没有过错,则不承担相应的民事责任;发行人、实际控制人有过错的,应当与发行人、上市公司承担连带赔偿责任。虽然在上述规定中将实际控制人纳入过错责任的范围内,但从公司的实际经营过程来看,实际控制人一般是公司幕后的实际掌控者,实际控制人的意志一般直接通过公司行为进行体现。在尔康制药公司发生证券虚假陈述行为时,时任法定代表人为帅放某,其同时为公司董事长、公司负责人。证监会作出的《行政处罚决定书》中明确记载帅放某是信息披露违法违规行为直接负责的主管人员,其在尔康制药公司 2015 年、2016 年年度报告上均进行签字,且湖南证监局据此对其进行罚款。

因此,根据上述的规定及投服中心“追首恶”的原则,投服中心将帅放某及尔康制药公司列为本次诉讼的被告。

(四)投资损失——损害赔偿的计算方法

在确定信息披露义务人存在虚假陈述行为且具有重大性,同时投资损失与虚假陈述行为之间具有因果关系后,接下来就是计算具体投资损失的数额。根据《若干规定》第 30 条的规定,投资损失包括:(1)投资差额损失;(2)投资差额损失部分的佣金和印花税;(3)前两项总和的利息。《若干规定》第 31 条、第 32 条进一步明确损失索赔的计算方式为买入均价减去卖出证券平均价格之差,乘以投资者所持证券数量。如投资者在基准日之前未卖出全部或任何股票,则计算该部分股票对应的投资损失时,应首先以《若干规定》第 32 条所规定的方式计算截至基准日的基准价,再以买入均价减去基准价之差乘以投资人在基准日未售出的股票数量计算得出。基准日则是依据《若干规定》第 33 条之规定确定。基准日一般系指,自揭露日或者更正日起,至被虚假陈述影响的证券累计成交量达到其可流通部分的 100%之日。而在本案中,尔康制药自揭露日 2017 年 8 月 9 日起至 2018 年 1 月 23 日,其股票换手率达到 101.34%,股票成交量达到其可流通部分的 100%,因此,代理人将 2018 年 1 月 23 日确定为本案的基准日,基准价为 6.81 元/股。

在司法实践中,法院在判决中存在以下 6 种计算方法,具体个案不尽相同:(1)先进先出法:投资人最先卖出的股票推定为其最先买入的股票,两者进行冲抵,将未冲抵的买入股票依据买入价进行均价计算;(2)后进先出法:投资人最先卖出的股票推定为其最后买入的股票,两者进行冲抵,将未冲抵的买入股票依据买入价进行均价计算;(3)简单算数平均法:不考虑投资人每次买入股票数量,单纯考虑每次买入股票的单价,将所有单价根据投资人买入股票次数作平均化处理,确定买入均价;(4)综合算数平均法:不考虑卖出股票,将买入股票的总金额与买入股票的总数量相除得出买入平均价格;(5)普通加权平均法:投资人将其所购买的所有股票总价与其在揭露日前出售的所有股票总价相减,同时,将其所购买的股票总量与卖出股票总量相减,最后,将股票总价之差与股票总量之差相除,计算出每一股对应的均价;(6)移动加权平均法:将投资人每笔买入与下一笔买入进行加权计算,将得出的结果再与下一笔买入进行加权计算,如此循环,直至计算至最后一笔买入。

代理人在分析上述6种计算方式的利弊之后,最终选择第6种方法即移动加权平均法作为本案的索赔计算方式,虽然该方法计算相当繁杂,但计算结果是更加贴近投资者人实际损失的。本案的损赔计算借助投服中心已有的计算机数据模型,并且投服中心也认为:"移动加权平均法下,卖出证券的成本以此前买入证券的加权平均价格来确定,并且每买入一次都会重新计算平均价格,卖出证券的成本以前一次计算所得买入平均价格为计价依据,因此卖出证券的成本确定最合理,买入平均价的计算也就最科学。"①

综上所述,在确定好索赔方案后,代理人一一梳理了4位投资者的买进卖出情况,并对买入均价、卖出均价之间的差额进行合理的投资损失计算,以期得到更为贴近投资者实际损失的数据。

支持诉讼过程

(一)立案受理

尔康制药公司注册地址为长沙市浏阳经济开发区,故根据《若干规定》第8条的规定,确定管辖法院为长沙中院。代理人通过与投服中心及投资者的多次沟通及精心准备后,于2019年年初向长沙中院递交材料并成功立案。此次代理案件的两项诉请为,由两被告承担各项投资损失、由两被告承担本案全部诉讼费用。

(二)审理过程

2019年6月13日,尔康制药公司发布《关于涉及诉讼事项及诉讼进展的公告》:截至公告日,共有826名原告以证券虚假陈述责任纠纷为由,分别向长沙中院

① 参见投服中心:《权益360:证券支持诉讼的投资差额损失计算(二)》,载微信公众号"投服中心"2017年5月17日。

提起诉讼,要求公司就前述信息披露违法行为承担民事赔偿责任,累计诉讼金额为523,694,189.043元。此前长沙中院已对其中8件案件开庭审理,因案件数量众多,长沙中院遂于2019年6月27日对该上述案件进行集中开庭审理,整个庭审持续了两天。在开庭审理过程中,原告根据尔康制药公司的虚假陈述行为,确定的实施日包括但不限于尔康制药公司《2015年年度报告》公布之日、《2015年年度报告》内容上载明之日、《2015年业绩快报》公告之日等日期,确定的揭露日包括但不限于上述微信公众号"市值风云"发布文章之日、尔康制药公司自行公布停牌之日、证监会《调查通知书》公布之日等日期,基准日则根据不同的揭露日按照换手率达到100%进行确定。综合整个原告的诉请来看,法院将不同的三日一价进行综合整理,并根据不同的索赔计算方式分别选取10位代理人参与集中的意见发表,庭审焦点归纳为:(1)关于尔康制药公司涉案信息披露违法违规行为是否构成重大性以及是否构成虚假陈述;(2)关于本案证券虚假陈述的三日一价的确定及基准价的计算方式;(3)尔康制药公司的涉案信息披露违法违规行为与原告主张的投资损失之间是否具有因果关系;(4)尔康制药公司是否应当承担责任以及责任大小,是否有系统风险或非系统风险;(5)帅放某是否应对原告的损失承担民事责任。原被告在长沙中院的庭审安排下对上述庭审争议焦点进行了充分辩论,因该案涉及标的金额巨大,且具有极为重要的社会效应,故法院并未当庭作出判决,择日宣判。

(三)法院判决

2019年8月15日,投服中心收到长沙市中级人民法院的判决书。法院对于归纳庭审焦点作出如下认定。

第一,是否构成虚假陈述。2015年年度财务报表虚增收入、虚增净利润仅占当期合并报表披露应收及净利润的1.03%、2.62%,占比微小,不会对公司的业绩及重要财务指标产生实质性的影响,也不会误导投资者对公司业绩产生错误的判断。反观2016年年度财务报表虚增营业收入及虚增净利润占当期合并报表披露应收及净利润的8.61%、22.63%,占比较大,对公司的业绩及重要财务指标产生了实质性的影响,易误导投资者对公司产生错误的判断,因此认定尔康制药公司2016年的信息披露违法违规行为构成重大事件,构成2014年《证券法》中规定的证券虚假陈述。

第二,三日一价的确定。因2016年年度财务报表中虚增的数据对投资者影响大,因此实施日为 2016 年年报公告之日,即 2017 年 4 月 21 日。因证监会的《调查公告》内容仅表述尔康制药公司涉嫌信息披露违法违规,但并未指出违法的具体表现,该公告仅提示尔康制药公司有违规嫌疑,但并不必然将其与 2016 年年报建立联系,也无从知晓该信息披露违法违规行为是诱多行为还是诱空行为,更无法判断公司股票价格走向,客观上不具备收到足够警示的条件,因此该立案公告调查日不应作为涉案虚假陈述的揭露日。而 2017 年 11 月 23 日,尔康制药公司发布的《关于媒体报道自查报告的公告》首次较为完整地披露尔康制药公司 2016 年年报存在的信息披露违法行为及违规性质,该披露内容与湖南证监局作出的《行政处罚决定书》内容具有高度对应性,能够充分揭示投资风险,能够对市场起到足够的警示作用,因此,认定该公告日为证券虚假陈述揭露日。基准日及基准价则根据《若干规定》第 33 条之规定,揭露日或更正日起,虚假陈述的证券累计换手率达 100% 来进行确定,因此基准日确定为 2018 年 1 月 23 日,基准价为 6.85 元。

第三,因果关系。根据《若干规定》第 18 条之规定投资者只需要承担基本的举证责任,在 2017 年 4 月 21 日及之后至揭露日即 2017 年 11 月 23 日买入尔康制药公司股票,在揭露日即 2017 年 11 月 23 日及以后,因卖出或持续持有该股票而产生亏损的,可以认定该类投资者与尔康制药公司的涉案证券虚假陈述行为存在因果关系。

第四,赔偿责任范围及是否存在系统性风险。根据《若干规定》第 30 条的规定,法院认定赔偿责任范围包括投资差额损失、佣金、印花税以及利息等投资损失,但原告主张的红利股票损失根据《若干规定》第 18 条第 2 项之规定不应纳入索赔损失范围。同时,法院认为 2017 年 11 月 23 日至 2018 年 1 月 23 日,尔康制药公司连续发布多份利空公告并被深圳交易所问询,对尔康制药公司的股价下跌产生了一定影响,而且在同一时间内深圳综指、创业板指数、申万医药指数等相关指数也存在下跌情况,综合考虑,尔康制药公司对此承担 90% 的赔偿责任。

第五,帅放某是否承担责任。根据《若干规定》第 21 条的规定,上市公司的董事、监事、高级管理人员和其他直接责任人员承担民事赔偿责任的归责原则为过错推定原则。根据《行政处罚决定书》的内容,帅放某时任尔康制药公司董事长、法定代表人及公司负责人,是信息披露违法违规行为直接负责的主管人员,其在 2016 年年报上签字。证监会对帅放某给予警告,并处以 30 万元罚款。因此,综合推定作为直接责任人员的帅放某对于尔康制药公司的虚假陈述行为给原告造成的损失存在过错,并对原告的各项投资损失承担连带赔偿责任。

综上,本次代理的4位投资者的股票购买及卖出期间均未落入法院认定的索赔范围内,因此法院驳回了本次代理的4位原告的全部诉请。2019年8月13日,尔康制药公司发布公告,其于2019年8月13日收到长沙中院就公司818名原告诉公司证券虚假陈述责任纠纷案件的一审判决,判决公司向原告赔偿损失合计70,306,009.43元,承担案件受理费868,414元。同时,尔康制药公司表示,公司已经就相关诉讼事项计提,预计负债7560万元。令人关注的是,该批案件的索赔金额高达5.23亿元,但最终法院判决赔付金额仅为7030.6万元,相当于法院仅支持了13.44%的额度。

案件评析

投资者作为证券市场的信息接收者,信息的不对称使其处于弱势地位。《若干规定》旨在保护投资者利益,通过信赖推定原则、举证责任倒置等条款进一步降低投资人的举证责任,使投资者获得赔偿的比率大概率提升。新《证券法》提到的投资者保护、证券代表人诉讼制度等将进一步降低投资人维权成本,构建了多元化的纠纷解决机制,也强化了信息披露义务人应当履行的道德诚信义务。虽然本案的代理思路并未得到一审法院的支持,但借此也想表达中小投资者应当积极主动维权,不应将此类损失视为投资过程中应当承担的风险,应当注意在出现风险苗头时,重新审慎投资行为,以避免损失的进一步扩大。

本案律师及律所介绍

尹湘南

先后在湖南省第一律师事务所、湖南天律韵达律师事务所担任副主任、主任,现为上海兰迪(长沙)律师事务所主任。自2015年9月起获得深圳证券交易所第1506414664号独立董事任职资格证,并担任湖南丽臣实业股份有限公司独立董事。

上海兰迪(长沙)律师事务所

上海兰迪律师事务所成立于 2009 年,是一家集合专业优势团队、全球重点布局的国际化律师事务所。兰迪以“人合”为先导,以“重点”为优选,以“绝对专业化、强势国际化、相对规模化”为办所理念,坚持律师专业“一主两辅”的发展原则,目前已逐渐在专业化、综合性上显现优势。

兰迪(长沙)律师事务所为兰迪在全球近 30 家办公机构中的一家,设立于 2018 年 10 月。兰迪(长沙)目前拥有专职律师、辅助人员共近 40 名,其中法学博士、国家一级律师等多人,本科以上学历 100%,合伙人均系执业 10 年以上资深律师,律师大部分具有 5 年以上执业经验。

本案相关行政处罚决定书

中国证券监督管理委员会湖南监管局行政处罚决定书

(〔2018〕2 号)

当事人:湖南尔康制药股份有限公司(以下简称尔康制药),住所:(略)。

帅放某,男,1966 年 7 月出生,时任尔康制药董事长,住址:(略)。

刘某某,男,1974 年 9 月出生,时任尔康制药董事,总经理,住址:(略)。

王某某,男,1967 年 8 月出生,时任尔康制药董事,副总经理,住址:(略)。

杨某某,男,1970 年 2 月出生,时任尔康制药董事,总工程师,住址:(略)。

帅友某,女,1961 年 6 月出生,时任尔康制药董事,行政总监,住址:(略)。

帅瑞某,女,1971 年 10 月出生,时任尔康制药董事,采购总监,住址:(略)。

高某某,男,1970 年 10 月出生,时任尔康制药财务总监,住址:(略)。

张某某,女,1982 年 4 月出生,时任尔康制药财务部经理,住址:(略)。

罗某,男,1980 年 9 月出生,时任尔康制药董事会秘书,副总经理,住址:(略)。

王某,男,1962 年 6 月出生,时任尔康制药独立董事,住址:(略)。

许某某,男,1975 年 3 月出生,时任尔康制药独立董事,住址:(略)。

左某某,女,1965 年 3 月出生,时任尔康制药独立董事,住址:(略)。

周某某,男,1966 年 9 月出生,时任尔康制药监事,住址:(略)。

陈某某,女,1966 年 12 月出生,时任尔康制药监事,住址:(略)。

李某某,男,1965年10月出生,时任尔康制药监事,住址:(略)。

依据2014年《证券法》的有关规定,我局对尔康制药信息披露违法违规一案进行了立案调查、审理,并依法向当事人告知了作出行政处罚的事实、理由、依据及当事人依法享有的权利。应部分当事人的要求,我局举行听证,听取了当事人的陈述、申辩。本案现已调查、审理终结。

经查明,当事人存在以下违法事实:

1.2015年,尔康制药全资子公司湖南尔康(香港)有限公司(以下简称尔康香港)将从尔康制药另一全资子公司湖南尔康(柬埔寨)投资有限公司(以下简称尔康柬埔寨)购入的200吨改性淀粉通过广州某食品公司、上海某实业公司等中间商间接销往尔康制药,为此尔康香港确认营业收入18,058,880.00元,确认净利润15,859,735.04元。

2.2016年,尔康香港将从尔康柬埔寨购入的1878吨改性淀粉通过广州某食品公司、上海某实业公司等中间商间接销往尔康制药,为此尔康香港确认营业收入229,315,853.50元,确认净利润208,981,130.18元。

尔康制药从全资子公司全额现款购入原料不具有商业合理性,商品所有权上的主要风险和报酬没有发生转移,相关经济利益没有实际流入,商品的实际控制权没有发生转移。尔康香港的会计处理不符合现行《企业会计准则第14号——收入》的规定,上述经济业务不应确认为销售收入。

3.尔康制药全资子公司尔康柬埔寨存在216吨改性淀粉销售退回未确认,虚增营业收入25,759,338.34元,虚增净利润23,273,318.62元。2016年,尔康柬埔寨销售给加拿大S公司一批改性淀粉,发货不久,客户提出产品存在均一度指标不达标,要求退货,在得到同意补偿损失的口头承诺后,2016年12月,加方将其中216吨低价处理,尔康制药对销售退回未作账务处理。

企业已经确认销售商品收入的售出商品发生销售退回的,应当在发生时冲减当期销售商品收入。尔康制药的会计处理不符合《企业会计准则第14号——收入》第9条的规定。

综上,尔康制药2015年年度财务报表虚增营业收入18,058,880.00元,虚增净利润15,859,735.04元,占当期合并报表披露营业收入1,755,998,915.76元的1.03%,披露净利润604,578,672.02元的2.62%。2016年年度财务报表虚增营业收入255,075,191.84元,虚增净利润232,254,448.80元,占当期合并报表披露营业收入

2,960,896,815.03元的8.61%,披露净利润1,026,434,494.30元的22.63%。

尔康制药于2016年4月、2017年4月分别公告了2015年年度报告、2016年年度报告,存在虚假记载。

帅放某时任尔康制药董事长、法定代表人,公司负责人。刘某某时任尔康制药董事、总经理,负责公司日常运营。帅放某、刘某某是信息披露违法违规行为直接负责的主管人员,二人均在尔康制药2015年、2016年年度报告上签字。时任财务总监高某某是尔康制药主管会计工作负责人,时任财务部经理张某某是尔康制药会计机构负责人,高某某和张某某均在尔康制药2015年、2016年对外披露的财务报表上签字,时任董事会秘书、副总经理罗某分管披露工作,以上三人是信息披露违法违规行为的其他直接责任人员。王某某、杨某某、帅友某、帅瑞某,李某某、周某某、陈某某分别为时任董事、监事,是信息披露违法违规行为的其他直接责任人员。其中王某某、杨某某、帅友某、帅瑞某、李某某在尔康制药2015年年度报告上签字,王某某、杨某某、帅友某、帅瑞某,王某、许某某、左某某,周某某、李某某、陈某某在尔康制药2016年年度报告上签字。

以上事实,有当事人询问笔录、当事人提供的情况说明、当事人提供的相关资料、相关银行账户流水、相关单位提供的资料、相关单位提供的情况说明、相关证人证言、相关企业工商登记资料等证据在案证明,足以认定。

尔康制药的上述行为违反了2014年《证券法》第63条、第68条的规定,构成了2014年《证券法》第193条第1款所述违法行为。

当事人罗某在听证会和陈述、申辩材料中提出如下申辩意见:第一,本人未任公司董事,董事会上没有投票权,受任职分工所限,无法全面了解相关信息,履职期间已尽责完成了本职工作,不存在主观欺骗和恶意隐瞒情形;第二,本人积极配合调查取证工作。

经复核,我局认为,综合考虑当事人的履职情况和积极配合调查情节,决定部分采纳其申辩理由。

根据当事人违法行为的事实、性质、情节与社会危害程度,依据2014年《证券法》第193条第1款之规定,我局决定:

一、对尔康制药责令改正,给予警告,并处以60万元罚款;

二、对直接负责的主管人员帅放某、刘某某给予警告,并分别处以30万元罚款;

三、对其他责任人员王某某、杨某某、帅友某、帅瑞某、高某某、张某某给予警告,并分别处以10万元罚款;

四、对其他责任人员王某、许某某、左某某,罗某、周某某、陈某某、李某某给予警告,并分别处以3万元罚款。

上述当事人应自收到本处罚决定书之日起15日内,将罚没款汇交中国证券监督管理委员会(财政汇缴专户),开户银行:中信银行总行营业部,账号:××××××××××××××××××××,由该行直接上缴国库,并将注有当事人名称的付款凭证复印件送我局备案。当事人如果对本处罚决定不服,可在收到本处罚决定书之日起60日内向中国证券监督管理委员会申请行政复议,也可在收到本处罚决定书之日起6个月内向有管辖权的人民法院提起行政诉讼。复议和诉讼期间,上述决定不停止执行。

湖南证监局

2018年6月11日

本案相关判决书

湖南省长沙市中级人民法院民事判决书

(2018)湘01民初2626号等266案

原告:刘某某等266人和法人(详见附表)

委托诉讼代理人详见附表

被告:湖南尔康制药股份有限公司(以下简称尔康制药公司),住所地:(略)。

法定代表人:帅放某,董事长。

委托诉讼代理人:薛琴,湖南迈旭律师事务所律师。

委托诉讼代理人:宋霜,湖南迈旭律师事务所律师。

被告:帅放某(身份信息略)。

委托诉讼代理人:张晓武,湖南迈旭律师事务所律师。

原告诉被告尔康制药公司、帅放某证券虚假陈述责任纠纷266案,本院立案受理后,依法组成合议庭公开开庭进行了审理。原告及原告的委托诉讼代理人、被告的委托诉讼代理人均到庭参加了诉讼。本案现已审理终结。

原告向本院提起诉讼请求:(1)依法判决被告尔康制药公司赔偿原告各项经济损失(每案原告的诉请金额详见附表)。被告帅放某承担连带赔偿责任。(2)依法判决本案全部诉讼费用由被告承担。事实和理由:尔康制药公司系一家在深圳证券交易所上市的公司(股票代码:300267),原告系二级市场的投资者。2017年8月9日,尔康制药公司公告:该公司于2017年8月8日收到中国证券监督管理委员会(以下简称证监会)的《调查通知书》。2018年6月14日,尔康制药公司发布了《关于收到中国证监会湖南监管局〈行政处罚决定书〉的公告》,称其收到《中国证券监督管理委员会湖南监管局行政处罚决定书》(〔2018〕2号)。根据该行政处罚决定书,尔康制药公司于2016年4月6日公告的《2015年年度报告》、2017年4月21日公告的《2016年年度报告》均存在虚假陈述行为。原告因为尔康制药公司发布虚假年报,误认为其业绩优良而买入其股票,现因尔康制药公司虚假陈述行为被揭露而遭受重大投资损失,该投资损失与尔康制药公司虚假陈述行为之间存在因果关系。尔康制药公司作为一家上市公司,应严格履行法定的信息披露义务,因其虚假陈述行为给原告造成了重大投资损失,应承担赔偿责任。帅放某作为尔康制药公司的董事长是信息披露违法违规行为的直接负责的主管人员且在上述年度报告上签字,因此,应对原告投资的各项损失承担连带赔偿责任。

被告尔康制药公司辩称:

1. 根据《最高人民法院关于审理证券市场因虚假陈述引发的民事赔偿案件的若干规定》(以下简称《若干规定》)第6条之规定,原告在提起本案诉讼时,应当提交身份证明文件原件或经公证证明的复印件。如未提交,法院应当依法裁定驳回起诉。请法院依法审查原告是否提交前述身份证明材料。对于云南国际信托有限公司(以下简称云南国际信托)、陕西省国际信托股份有限公司(以下简称陕西国际信托)等机构投资者不符合起诉条件,请求人民法院依法驳回起诉。

2. 2015年年报信息披露违法违规行为不具备重大性,不构成虚假陈述。根据《若干规定》第17条的规定,信息披露违法违规行为涉及重大事件时,才会被认定为是虚假陈述行为。在此基础上结合最高人民法院民二庭庭长在全国商事会议上的讲话中明确指出的"判断重大性应该结合股价一起去看,侵权行为不具有重大性时,行为人不负赔偿责任",对比尔康制药公司在2015年年报公布前后10个交易日期间股价变动情况,尔康制药公司股价在2015年年报公告前10个交易日股价涨幅为8.58%,而在年报公告后10个交易日,在大盘及行业指数均上涨的情况下,股价不涨反而下跌了2.62%,同时成交量也一直平稳未出现异常波动,由此可见,2015年年报没有发生诱多的效果,并未对尔康制药公司的股价产生重大影响。同时,2015年年报涉及的虚增收入和虚增利润的金额分别只占收入总额和利润总额的1.03%和2.62%,占比极小,即使扣除上述虚增收入和利润,公司 2015 年的主营收入达 1,737,940,035.76 元,利润总额也达 630,429,901.92 元,业绩依然优良并未亏损。2015 年年报信息披露违法违规行为并不会对公司的业绩及重要财务指标产生实质性的影响,不会误导投资者对公司的业绩产生错误的判断。所以,2015 年的案涉行为不具备"重大性",不构成虚假陈述。

3. 假如法院认定案涉行为均构成虚假陈述,三日一价应为:实施日 2016 年 4 月 6 日,揭露日 2018 年 4 月 18 日,基准日 2018 年 8 月 20 日,基准价 4.96 元/股。理由如下:(1)中国证券监督管理委员会湖南监管局(以下简称湖南证监局)对尔康制药公司作出的《行政处罚决定书》仅认定尔康制药公司 2015 年年报和 2016 年年报存在信息披露违法违规行为,并未认定尔康制药公司其他的公告存在信息披露违法违规行为。因此,假设法院认定 2015 年年报构成虚假陈述,本案的虚假陈述实施日也应认定为 2016 年 4 月 6 日。(2)本案的揭露日应被认定为 2018 年 4 月 18 日《行政处罚事先告知书》公告之日而不是原告主张的自媒体报道之日或《调查通知书》公告之日。首先,2018 年 4 月 18 日,尔康制药公司在证监会指定披露媒体巨潮资讯网上发布关于收到证监会《行政处罚事先告知书》的公告,首次完整披露了《行政处罚决定书》事后认定的尔康制药公司 2015 年年报及 2016 年年报存在的信息披露违法违规行为及其违法性质,披露内容与湖南证监局作出的《行政处罚决定书》内容具有高度对应性,能够充分揭示投资风险,足以影响投资者的投资决策,提醒投资者重新判断股票价值,符合揭露日的认定条件。其次,本案虚假陈述揭露日不应被认定为自媒体报道之日。2017 年 5 月 9 日作出相关报道的媒体并不是全国范围发行或者播放的报刊、电台、电视台等媒体,而是一个微信公众号即自媒体,其报道不具有权威性。最后,《调查通知书》首次对外公告的时间是 2017 年 8 月 10 日,《调查通知书》公告内容较为笼统,仅表述为"因公司涉嫌信息披露违法违规,根据 2014 年《证券法》的有关规定,证监会决定对公司进行立案稽查",其中"涉嫌"只是存在可能,结果不确定。且该公告未指出尔康制药公司涉嫌信息披露违法违规的具体表现,违法事实不明确,投资者知晓该公告不能与尔康制药公司 2015 年、2016 年报信息披露违法违规相联系并进行判断,也不能以该公告判断尔康制药公司股价未来的走势,客观上对投资者无法起到足够的警示作用。《调查通知书》公告后,公司股票尚处于停牌期间,该公告不会对公司股价产生影响。并且 2017 年 11 月 23 日公司股票复牌当天下跌是受 A 股全线大跌的影响(11 月 23 日当天创业板有 598 只股票收跌,数量高达创业板块股票总数的 85.06%),受市场情绪变化影响,创业板综指连续 3 天下跌,跌幅高达 4.5%。同时,金证券又于 2017 年 11 月 28 日至 29 日连续两天发文质疑尔康制药公司拒绝泄露主要客户名单及实控人违背同业竞争承诺。所以,尔康制药公司在此期间股价下跌主要是受创业板综指连续下跌以及部分媒体连续发布尔康制药公司负面报道影响所致,后因深圳交易所又就上述负面报道向尔康制药公司问询进而引发公司股价进一步下跌。因此,尔康制药公司复牌后股价下跌不能作为客观认定揭露日的充分条件。(3)本案的基准日为 2018 年 8 月 20 日,基准价为 4.96 元/股。本案揭露日 2018 年 4 月 18 日,尔康制药公司的可流通股股数为 1,105,315,745 股,自揭露日至 2018 年 8 月 20 日,尔康制药公司股票累计成交量达 1,122,399,924 股,达到可流通股股数的 100%,因此基准日应该为 2018 年 8 月 20 日,基准价为 4.96 元/股。(4)本案的平均买入价的计算方法应当采用先进先出加权平均法。

4. 即使法院认定案涉行为构成虚假陈述,部分投资者的交易决策与案涉行为不存在交易因果关系,尔康制药公司无须承担赔偿责任。本案存在以下三种情况是可以认定投资者交易决策与案涉行为不存在交易因果关系,分别是:(1)原告在实施日(2016 年 4 月 6 日)前即买入尔康制药公司股票且持续到实施日之后,则原告在实施日之后买入尔康制药公司的股票是基于之前的交易习惯而非案涉行为的影响;(2)原告在揭露日后仍然买入股票,参照最高人民法院的生效判例,该部分原告投资损失与案涉行为没有交易因果关系;(3)原告存在频繁买卖尔康制药公司股票的情形,显然是为了进行短线波动交易,其证券账户在案涉行为发生后存在多次沽空的情况,即使其实施日(2016 年 4 月 6 日)后有买入的股票是受案涉行为的影响,但该部分的股票在其频繁交易的操作下也已经沽空。其再次买入股票的交易决策显然并未受案涉行为的影响。在原告诉尔康制药公司虚假陈述案中,较多案件存在上述情况,并且均可通过其交易记录以证实其投资交易决策与案涉行为不存在交易因果关系。

5. 即使法院认定案涉行为均构成虚假陈述,投资者的部分损失也是由证券市场系统风险和非系统风险造成的,该部分损失与案涉行为不存在损失因果关系。根据《若干规定》第 19 条的规定,证券虚假陈述行为人如能举证证明投资者损失或者部分损失是由证券市场系统风险等其他因素所导致,则应当认定该部分损失与证券虚假陈述之间不存在因果关系。涉案揭露日 2018 年 4 月 18 日到基准日 2018 年 8 月 20 日,在“人民币汇率贬值”“金融去杠杆化”“股权质押平仓风险”等一系列系统性风险诱因的作用下,中国股市出现千股跌停、市场流动性严重缺失等异常情况,在此期间,尔康制药公司股价与大盘指数、行业指数一致均处于下跌的趋势,可见尔康制药公司的股价下跌并非其个股所独有,而是当时证券市场普遍存在的现象。因此,应当认定原告的部分投资损失是由系统风险导致。同时，在上述期间，尔康制药公司连续发布净利润大幅下降、重大建设项目延期、控股股东及实际控制人质押股份存在平仓风险等一系列重大利空公告，深圳交易所对尔康制药公司 2017 年的年报还进行了问询，这些利空消息也对尔康制药公司的股价下跌造成了一定影响。

6. 即使法院认定案涉行为构成虚假陈述，且部分投资者的投资损失与案涉行为存在一定交易因果关系，根据专家意见及专业机构的测算结果，本案揭露日 2018 年 4 月 18 日到基准日 2018 年 8 月 20 日，原告受系统性风险及非系统性风险因素影响产生的投资差额损失至少应当剔除的比例为 53. 79%，该部分的投资损失与案涉虚假陈述没有损失因果关系，尔康制药公司依法无须承担赔偿责任。

7. 印花税损失不应予以支持。鉴于 2008 年 9 月 18 日公布的《财政部、国家税务总局关于调整证券（股票）交易印花税征收方式的通知》规定，自 2008 年 9 月 19 日起，印花税调整为单边征收，即仅在投资者卖出股票时予以征收，所以原告受虚假陈述影响而买入尔康制药公司股票时并未产生印花税损失，故不应支持原告关于印花税的诉求。

被告帅放某辩称：答辩人对案涉虚假陈述不存在过错，不应承担连带赔偿责任。根据 2014 年《证券法》第 69 条的规定，上市公司信息披露违法违规致使投资者在证券交易中遭受损失的，发行人、上市公司的董事、监事、高级管理人员承担民事赔偿责任的归责原则为过错推定原则，即相关责任人员能够证明自己没有过错的，依法不承担民事赔偿责任。《若干规定》第 21 条亦规定，在虚假陈述民事赔偿案件中，上市公司董事有证据证明无过错的，无须承担连带赔偿责任。尔康制药公司虚假陈述案中，答辩人之所以被行政处罚是基于答辩人作为公司的董事履行工作职责，在 2015 年、2016 年年度报告上签字的缘故，证监会在《行政处罚决定书》中并未认定答辩人未勤勉尽责，也未认定答辩人对上市公司信息披露违法违规行为存在过错。且尔康制药公司之所以 2015 年年报和 2016 年年报存在信息披露违法违规行为，是因为公司的业务部门和财务部门及公司总部信息传递和沟通不及时导致公司财务部在合并报表时发生重大会计差错，并不是主观故意。答辩人虽然是公司负责人，但并未直接管理公司业务部门与财务部门的信息对接工作，也不熟悉相关财务知识，而董事审慎审查义务应以一个合理谨慎的人在相似情形下所应表现的谨慎、勤勉和技能履行职责为标准。答辩人已经履行了合理的审慎审查义务，但囿于财务知识的匮乏，答辩人没有能力发现 2015 年年报和 2016 年年报中的会计差错问题。但答辩人主观上并不存在侵害投资者权益的故意和过失。因信息披露行政违法行为的行政责任不同于证券虚假陈述民事侵权行为的民事责任，答辩人被证监会行政处罚,并不等于具有证券虚假陈述民事侵权责任的过错。人民法院应对相关责任人员是否存在民事侵权责任的过错依法审查,现证监会在《行政处罚决定书》中并未认定答辩人对信息披露违法违规行为存在过错,答辩人依法不应承担连带赔偿责任。

在诉讼中,当事人围绕诉讼请求依法提交了证据,本院组织当事人进行了证据交换和质证。对当事人无异议的证据,本院予以确认并在卷佐证。对于当事人有异议的证据,本院结合全案情况综合予以认定。

根据当事人陈述和经审查确认的证据,本院认定事实如下:2011 年 9 月 27 日,尔康制药公司在深圳创业板上市,尔康制药公司系深证交易所上市的公司,证券代码为 300267,原告系二级市场的投资者。尔康制药公司上市的保荐机构为西部证券股份有限公司。

2016 年 4 月 6 日,尔康制药公司发布《2015 年年度报告》。2017 年 4 月 21 日,尔康制药公司发布《2016 年年度报告》。

2017 年 5 月 9 日,微信公众号"市值风云"发布《强烈质疑尔康制药公司涉嫌严重财务舞弊:中国海关喊你来对账!》文章,对尔康制药公司 2016 年年报以下内容提出质疑:湖南尔康(柬埔寨)投资有限公司(以下简称尔康柬埔寨公司)年产 18 万吨药用木薯淀粉生产项目、尔康制药公司固定资产和房产税。次日,尔康制药公司发布《关于临时停牌的公告》,记载:2017 年 5 月 9 日,由于网络上出现一些关于公司的媒体报道,对公司二级市场股价产生较大影响,尔康制药公司拟在 2017 年 5 月 10 日开市起停牌。

2017 年 5 月 10 日至 2017 年 11 月 22 日,尔康制药公司股票一直停牌。

2017 年 8 月 10 日,尔康制药公司在巨潮资讯网发布《调查通知书》,披露尔康制药公司收到证监会《调查通知书》。《调查通知书》的内容为,因尔康制药公司涉嫌信息披露违法违规,根据 2014 年《证券法》的有关规定,证监会决定对尔康制药公司进行立案稽查。尔康制药公司指定的信息披露媒体为巨潮资讯网,该公司所有信息均以在上述指定媒体刊登的信息为准,敬请广大投资者理性投资,注意投资风险。

2017 年 11 月 23 日,尔康制药公司发布《关于媒体报道自查报告的公告》,就之前媒体质疑的关联交易、中国海关关于木薯淀粉及改性淀粉的进口数据等问题进行了澄清,并对尔康制药公司 2016 年度财务报告出现的重大会计差错进行了说明。尔康制药公司在该公告称,本次自查发现的问题将对公司 2016 年度的业绩造成一定影响,净利润预计将减少231,030,762.00元。同日,该公司还发布了《关于公司股票复牌的提示性公告》,披露公司将于2017年11月23日开市起复牌。

2018年4月18日,尔康制药公司发布《关于收到中国证监会行政处罚事先告知书的公告》,该公告披露了尔康制药公司的下列违法事实:(1)2015年涉嫌虚增营业收入18,058,880元,虚增利润15,859,735.04元,占当期合并报表披露营业收入的1.03%,净利润的2.62%。(2)2016年涉嫌虚增营业收入255,075,191.84元,虚增净利润232,254,448.80元,占当期合并报表披露营业收入的8.61%,净利润的22.63%。

2018年6月11日,湖南证监局作出〔2018〕2号《行政处罚决定书》,其主要内容为:(1)2015年,尔康制药公司全资子公司湖南尔康(香港)有限公司(以下简称尔康香港公司)将从另一全资子公司尔康柬埔寨公司购入的200吨改性淀粉通过广州某食品公司、上海某实业公司等中间商间接销往尔康制药公司,为此,尔康香港公司确认营业收入18,058,880元,确认净利润15,859,735.04元。(2)2016年,尔康香港公司将从尔康柬埔寨公司购入的1878吨改性淀粉通过广州某食品公司、上海某实业公司等中间商间接销往尔康制药公司,为此,尔康香港公司确认营业收入229,315,853.50元,确认净利润208,981,130.18元。以上两点所述经济业务不应被确认为销售收入,因尔康制药公司从全资子公司全额现款购入原料不具有商业合理性,商品所有权上的主要风险和报酬没有发生转移,相关经济利益没有实际流入,商品的实际控制权没有发生转移。尔康香港公司的会计处理不符合现行《企业会计准则第14号——收入》的规定。(3)尔康制药公司全资子公司尔康柬埔寨公司存在216吨改性淀粉销售退回未确认,虚增营业收入25,759,338.34元,虚增净利润23,273,318.62元。因企业已经确认销售商品收入的售出商品发生销售退回的,应当在发生时冲减当期销售商品收入。尔康制药公司的会计处理不符合《企业会计准则第14号——收入》第9条的规定。综上,尔康制药公司2015年年度财务报表虚增营业收入18,058,880.00元,虚增净利润15,859,735.04元,占当期合并报表披露营业收入1,755,998,915.76元的1.03%,披露净利润604,578,672.02元的2.62%。2016年年度财务报表虚增营业收入255,075,191.84元,虚增净利润232,254,448.80元,占当期合并报表披露营业收入2,960,896,815.03元的8.61%,披露净利润1,026,434,494.30元的22.63%。帅放某时任尔康制药公司的董事长、法定代表人,公司负责人。刘某某时任该公司董事、总经理,负责公司日常运营。帅放某、刘某某是信息披露违法违规行为直接负责的主管人员,二人均在该公司2015年、2016年年度报告上签字。证监会认为,尔康制药公司的上述行为违反了2014年《证券法》第63条、第68条的规定,构成了2014年《证券法》第193条第1款所述违法行为。根据尔康制药公司和帅放某、刘某某等相关责任人员违法行为的事实、性质、情节与社会危害程度,依据2014年《证券法》第193条第1款之规定,证监会决定:对尔康制药公司责令改正,给予警告,并处以60万元罚款;对直接负责的主管人员帅放某、刘某某给予警告,并分别处以30万元罚款;处罚决定书还对其他相关责任人员分别给予了处罚。2018年6月14日晚上8时,尔康制药公司公布收到上述《行政处罚决定书》。

原告在二级市场买入尔康制药公司的股票。其认为尔康制药公司2015年年报、2016年年报虚增收入、虚增利润的行为构成"虚假陈述",尔康制药公司的虚假陈述行为给原告投资造成了较大的经济损失,应依法承担赔偿责任;其他被告构成共同侵权,均应对原告投资的各项损失承担连带赔偿责任。原告为维护自身合法权益,遂诉至法院。

另查明:(1)2017年11月23日,尔康制药公司的可流通股股数为1,162,551,914股。至2018年1月23日,尔康制药公司股票累计成交量达1,165,456,142股。在此期间,尔康制药公司股票每个交易日收盘价的平均价格为6.85元/股。(2)2017年11月23日起连续3天,深圳综指呈整体下跌趋势,深圳综指显示:2017年11月22日1982.28点,2017年11月23日1924.45点,下跌2.92%;2017年11月24日1917.12点,下跌0.09%;2017年11月27日1892.82点,下跌1.56%。同期,创业板综指逐步呈整体下跌趋势,创业板综指显示:2017年11月22日2314.42点,2017年11月23日2250.23点,下跌2.77%;2017年11月24日2241.13点,下跌0.40%;2017年11月27日2210.25点,下跌1.38%。同期,医药板块亦逐步呈整体下跌趋势,医药生物(申万)显示:2017年11月22日8239.77点,2017年11月23日7974.34点,下跌3.22%;2017年11月24日7972.94点,下跌0.18%;2017年11月27日7867.90点,下跌1.31%。同期,尔康制药公司股价呈整体下跌趋势。尔康制药公司股价显示:2017年5月9日为11.41元/股,2017年11月23日为10.26元/股,2017年11月24日为9.24元/股,2017年11月27日为8.31元/股,2017年11月28日为7.48元/股,2017年11月29日为7.25元/股,2017年11月30日为6.86元/股,2017年12月1日为6.23元/股。2017年11月23日至2018年1月23日,深圳综指、创业板指数、申万医药指数等相关指数在同一时间段亦存下跌情况。(3)经本院调取原告交易信息,按照"先进先出+加权平均法”,以基准价 6.85 元计算原告的投资差额损失。为计算方便及统一,对于原告主张了交易佣金、印花税及利息,并缴纳了诉讼费用的,本院对交易佣金、印花税酌定以交易金额的 2‰标准计算,主张利息按相关司法解释规定计算。本院认定的每案原告的投资实际损失详见附表《法院认定损失金额》(略)。

再查明:2017 年 8 月 10 日,尔康制药公司发布《2017 年半年度业绩预告修正公告》,披露公司 2017 年 7 月 14 日公布的 2017 年半年度业绩预告的估算结果需要调整,实际 2017 年半年度的净利润同比并未增长而是预估减少 25% ~0%。2017 年 8 月 23 日,尔康制药公司发布《关于延期披露 2017 年半年度报告的公告》,披露公司需延期披露 2017 年半年度报告。2017 年 8 月 30 日,尔康制药公司发布《2017 年半年度报告》,披露公司上半年度净利润同比减少 19.81%。2017 年 9 月 1 日,尔康制药公司发布《关于控股股东部分股份解除质押及进行补充质押的公告》。披露控股股东帅放某补充质押 6,700,000 股,解除质押 100 股,占其持有公司股份 49.53%。2017 年 9 月 11 日,尔康制药公司发布《关于控股股东部分股份质押的公告》,披露控股股东帅放某质押股票 33,300,000 股,占其持有公司股份的 53.42%。2017 年 9 月 30 日,尔康制药公司发布《关于减少并购基金投资额的公告》,披露公司减少了之前设立的医药及大健康行业的产业并购基金规模。2017 年 11 月 28 日,金证券发布文章《尔康制药的“大客户”之谜》,质疑尔康制药公司隐瞒前五大客户。2017 年 11 月 29 日金证券发布文章《尔康制药公司又现违背同业竞争承诺》质疑尔康制药公司董事长违背同业竞争承诺。2017 年 11 月 29 日,创业板公司管理部对尔康制药公司下发《关于对尔康制药公司的问询函》,要求尔康制药公司对媒体报道的董事长违背同业竞争承诺的相关事项进行说明。2017 年 12 月 27 日,尔康制药发布《关于控股股东部分股份质押的公告》,披露控股股东帅放某质押股票 3,000,000 股,占其持有公司股份的 48.15%。2017 年 12 月 28 日,尔康制药公司发布《关于控股股东部分股份质押的公告》,披露控股股东帅放某质押股票 87,650,000 股,占其持有公司股份的 58.40%。2018 年 1 月 10 日,尔康制药公司发布《关于控股股东部分股份质押的公告》,披露控股股东帅放某质押股票 23,900,000 股,占其持有公司股份的 62.37%。2018 年 1 月 26 日,尔康制药公司发布《关于控股股东部分股份质押的公告》,披露控股股东帅放某质押股票 200,000,000 股,占其持有公司股份的 85.77%。

本院认为,根据当事人诉辩主张和答辩意见,双方当事人的争议焦点如下:(1)关于原告主体资格的问题;(2)关于尔康制药公司涉案信息披露违法违规行为是否构成重大性以及是否构成虚假陈述的问题;(3)关于本案证券虚假陈述的实施日、揭露日、基准日如何确定以及基准价的计算方法问题;(4)关于尔康制药公司涉案信息披露违法违规行为与原告主张的投资损失之间是否存在因果关系的问题;(5)尔康制药公司应否承担责任及责任大小,是否有系统风险或非系统风险;(6)帅放某是否应对原告的损失承担民事责任。现分述如下:

关于焦点一。经审查,根据《若干规定》第6条第2款的规定,投资人提起证券虚假陈述民事赔偿诉讼,除提交行政处罚决定或者公告,或者人民法院的刑事裁判文书以外,还须提交以下证据:(1)自然人、法人或者其他组织的身份证明文件,不能提供原件的,应当提交经公证证明的复印件。(2)进行交易的凭证等投资损失证据材料。本院已依照以上规定审查了原告提交的相关身份证明文件。对于云南国际信托、陕西国际信托等机构投资者是否符合起诉条件的问题,参照《证券投资基金法》(以下简称《基金法》)关于"以基金管理人名义,代表基金份额持有人利益行使诉讼权利或者实施其他法律行为"规定的形式要件,云南国际信托、陕西国际信托等机构投资者有权代表信托计划份额持有人利益行使诉讼权利,因此,被告尔康制药公司关于云南国际信托、陕西国际信托等机构投资者不符合起诉条件的答辩意见不能成立。鉴于此,原告诉讼主体身份适格。

关于焦点二。经审查,《若干规定》第17条规定:"证券市场虚假陈述,是指信息披露义务人违反证券法律规定,在证券发行或者交易过程中,对重大事件作出违背事实真相的虚假记载、误导性陈述,或者在披露信息时发生重大遗漏、不正当披露信息的行为。"其特别强调的是"对重大事件作出违背事实真相的虚假记载、误导性陈述,或者在披露信息时发生重大遗漏、不正当披露信息的行为"才构成证券虚假陈述,因此该规定在2014年《证券法》相关规定的基础上,对证券虚假陈述的认定范围进行了进一步限定和明确。《若干规定》第17条第2款规定:"对于重大事件,应当结合证券法第五十九条、第六十条、第六十一条、第六十二条、第七十二条及相关规定的内容认定。"该条中所涉及的证券法条款对应2014年《证券法》第63条、第65条、第66条、第67条和第78条的规定。其中,与本案事实密切相关的是修改后《证券法》第63条。第63条规定:"发行人、上市公司依法披露的信息,必须真实、准确、完整,不得有虚假记载、误导性陈述或者重大遗漏。"对于财务会计报告中有关事项和数据是否构成重大事件,应当从所涉金额、事件性质、影响力等方面进行综合判断。在尔康制药公司案中,尔康制药公司2015年度、2016年度从全资子公司全额现款购入原料不具有商业合理性,商品的实际控制权没有发生转移,而该公司将其确认为销售收入,2016 年度存在对销售退回未确认,导致该公司 2015 年、2016 年的年度财务报表虚增营业收入,虚增净利润。尔康制药公司于 2016 年 4 月、2017 年 4 月分别公告了 2015 年年度报告、2016 年年度报告,存在虚假记载。证监会认为,尔康制药公司的上述行为,违反了 2014 年《证券法》的有关规定,构成信息披露虚假记载。但是,尔康制药公司 2015 年年度财务报表虚增营业收入 18,058,880 元,虚增净利润 15,859,735.04 元,仅占当期合并报表披露营业收入 1,755,998,915.76 元的 1.03%,披露净利润 604,578,672.02 元的 2.62%。由此可见,尔康制药公司 2015 年年度财务报表中虚增的营业收入和虚增的净利润在该公司的营业收入和净利润中占比微小,不会对公司的业绩及重要财务指标产生实质性的影响,也不会误导投资者对公司的业绩产生错误的判断。对比尔康制药公司在 2015 年年报公布前后 10 个交易日股价变动情况,尔康制药公司股价在 2015 年年报公告前 10 个交易日股价上涨,在年报公告后 10 个交易日,且在大盘及行业指数均上涨的情况下,股价不涨反跌,股票成交量也未出现异常波动,由此可见,2015 年年报没有发生诱多的效果,并未对尔康制药公司的股价产生重大影响。因此,尔康制药公司 2015 年的信息披露行为不构成重大事件。故对于被告尔康制药公司提出的 2015 年的信息披露行为不构成证券虚假陈述的抗辩意见,本院予以采信。而该公司 2016 年年度财务报表虚增营业收入 255,075,191.84 元,虚增净利润 232,254,448.80 元,占当期合并报表披露营业收入 2,960,896,815.03 元的 8.61%,披露净利润 1,026,434,494.30 元的 22.63%。其虚增的营业收入和虚增的净利润在该公司的营业收入和净利润中占比较大,对公司的业绩及重要财务指标产生了实质性的影响,易误导投资者对公司的业绩产生错误的判断。因此,对于尔康制药公司 2016 年的信息披露违法违规行为,可以认定构成重大事件,构成 2014 年《证券法》及《若干规定》中规定的证券虚假陈述。

关于焦点三。经审查,对于本案诉争的三日一价分析认定如下:第一,关于虚假陈述实施日的确定。《若干规定》第 20 条第 1 款规定,虚假陈述实施日是指作出虚假陈述或者发生虚假陈述之日。2014 年《证券法》第 63 条规定:"发行人、上市公司依法披露的信息,必须真实、准确、完整,不得有虚假记载、误导性陈述或者重大遗漏。"《上市公司信息披露管理办法》第 5 条规定:"信息披露文件主要包括招股说明书、募集说明书、上市公告书、定期报告和临时报告等。"依据上述法律规定可知,信息披露义务人披露信息应当符合以上法律规定的原则。在尔康制药公司虚假陈述案中,根据对焦点二的分析,尔康制药公司 2016 年年度报告的信息披露违法违规行为构成证券虚假陈述,因此,被告尔康制药公司 2017 年 4 月 21 日公告的 2016 年年度报告之日就是尔康制药公司最早作出虚假陈述之日,故应确认该日为涉案虚假陈述实施日。第二,关于虚假陈述揭露日的确定。《若干规定》第 20 条第 2 款规定:“虚假陈述揭露日,是指虚假陈述在全国范围发行或者播放的报刊、电台、电视台等媒体上,首次被公开揭露之日。”虚假陈述被揭示的意义在于其对证券市场发出警示信号,提醒投资者重新判断股票价值。因此,虚假陈述揭露的内容应与虚假陈述行为具有一致性。揭露的方式和范围应符合法律规定的要求,揭示力度应足以引起市场内理性投资者的注意和警惕。在尔康制药公司虚假陈述案中,(1)2017 年 8 月 10 日,尔康制药公司发布《调查公告》,该公告的内容仅表述为尔康制药公司涉嫌信息披露违法违规,证监会决定对其进行立案稽查。该公告并未指出尔康制药公司涉嫌信息披露违法违规的具体表现,没有涉及尔康制药公司涉嫌的虚假陈述行为的实质内容。而依照证券法律法规的规定,上市公司就多种内容的信息均具有披露义务,不同内容的信息对证券价格的影响亦各有不同。现该公告仅提示尔康制药公司有违规嫌疑,仅阅看此公告并不必然将其与尔康制药公司 2016 年的年报建立联系,也无从知晓尔康制药公司可能存在的信息披露违法违规事项属于诱多行为还是诱空行为,更无法据此合理判断该公司股票价格之后的走向,客观上不具备收到足够警示的条件。据此,可以认定上述尔康制药公司发布的《调查公告》并未充分揭示投资风险,尚不具备足够的警示强度,该立案调查公告日不应作为涉案虚假陈述揭露日。此外,有的原告主张涉案揭露日为微信公众号“市值风云”报道之日 2017 年 5 月 9 日,有的原告主张涉案揭露日为《调查通知书》的落款日期 2017 年 8 月 8 日,有的原告主张涉案揭露日为尔康制药公司收到《调查通知书》的落款日期 2017 年 8 月 9 日,还有的原告主张涉案揭露日为 2017 年 4 月 25 日、8 月 11 日、11 月 21 日以及 2018 年 4 月 18 日、6 月 14 日,经审查,上述主张不符合认定虚假陈述揭露日的法律规定,本院均不予采信。(2)2017 年 11 月 23 日,尔康制药公司发布《关于媒体报道自查报告的公告》。该公告首次较为完整地披露了尔康制药公司 2016 年年报存在的信息披露违法违规行为及其违法性质,该披露内容与湖南证监局作出的《行政处罚决定书》内容具有高度对应性,能够充分揭示投资风险,且 2017 年 11 月 23 日尔康制药公司的股票复牌后连续 4 天跌停,对市场起到了足够的警示作用,故该日应认定为涉案虚假陈述揭露日。(3)关于虚假陈述基准日的确定。《若干规定》第 33 条第 1 款第 1 项规定:“投资差额损失计算的基准日,是指虚假陈述揭露或者更正后,为将投资人应获赔偿限定在虚假陈述所造成的损失范围内,确定损失计算的合理期间而规定的截止日期。基准日分别按下列情况确定:(一)揭露日或者更正日起,至被虚假陈述影响的证券累计成交量达到其可流通部分100%之日。但通过大宗交易协议转让的证券成交量不予计算。”鉴于上述论述,因2017年11月23日已确定为本案虚假陈述揭露日,且该日尔康制药公司的可流通股股数为1,162,551,914股,至2018年1月23日股票累计成交量达1,165,456,142股,达到可流通股股数的100%。因此,涉案基准日应确定为2018年1月23日。(4)关于基准价的计算方法问题。《若干规定》第32条规定:“投资人在基准日之后卖出或者仍持有证券的,其投资差额损失,以买入证券平均价格与虚假陈述揭露日或者更正日起至基准日期间,每个交易日收盘价的平均价格之差,乘以投资人所持证券数量计算。”根据上述规定可知,虚假陈述揭露日起至基准日期间,每个交易日收盘价的平均价格即为基准价,且该价格就是按算数平均法计算即揭露日到基准日每日收盘价的平均值。经核算,本案虚假陈述的基准价应为6.85元/股。

关于焦点四。经审查,《若干规定》第18条规定:“投资人具有以下情形的,人民法院应当认定虚假陈述与损害结果之间存在因果关系:(1)投资人所投资的是与虚假陈述直接关联的证券;(2)投资人在虚假陈述实施日及以后,至揭露日或者更正日之前买入该证券;(3)投资人在虚假陈述揭露日或者更正日及以后,因卖出该证券发生亏损,或者因持续持有该证券而产生亏损。”从以上规定来看,证券虚假陈述民事赔偿纠纷适用因果关系推定原则,投资者只需承担基本的举证责任,证明其在上述规定的时间范围内买入和卖出涉案股票存在损失,即应认定其损失与虚假陈述行为具有因果关系。根据上述规定,原告只要举证证明其在涉案实施日即2017年4月21日及之后至涉案揭露日即2017年11月23日买入尔康制药公司的股票,在涉案揭露日即2017年11月23日及以后,因卖出或者持续持有该股票而产生亏损,原告即已完成其举证责任,由此可以认定被告尔康制药公司的涉案证券虚假陈述与原告主张的投资损失之间存在因果关系。对于未在上述期间买入卖出尔康制药公司股票的原告,即使由此产生亏损,被告尔康制药公司的涉案证券虚假陈述与原告主张的该部分损失之间并不存在因果关系,故对于原告提出的该部分诉求,本院不予支持。

关于焦点五。经审查,第一,《若干规定》第30条规定:“虚假陈述行为人在证券交易市场承担民事赔偿责任的范围,以投资人因虚假陈述而实际发生的损失为限。投资人实际损失包括:(1)投资差额损失;(2)投资差额损失部分的佣金和印花税。前款所涉资金利息,自买入至卖出证券日或者基准日,按银行同期活期存款利率计算。”原告主张的投资差额损失、佣金、印花税以及利息等投资损失,未超出上述法律规定的范围;

原告主张并依法缴纳了诉讼费用的，本院对交易佣金、印花税酌定以交易金额的2‰标准计算，主张利息按相关司法解释规定计算。但部分原告主张的红利股票损失，根据《若干规定》第18条第2项的相关的规定，不应计入索赔损失的范围，故对部分原告的该部分诉求，本院不予支持。第二，根据《若干规定》第19条的规定，证券虚假陈述行为人如能举证证明投资者损失或者部分损失是由证券市场系统风险等其他因素所导致，则应当认定该部分损失与证券虚假陈述之间不存在因果关系。本诉争案件涉及2017年11月23日至2018年1月23日，尔康制药公司连续发布多份利空公告并被深证交易所问询。2017年度公司净利润同比大幅度下滑、重大项目延期、公司控股股东质押股份触及平仓线、深圳证券交易所问询函，对尔康制药公司的股价下跌产生了一定的影响。同时，深圳综指、创业板指数、申万医药指数等相关指数在同一时间段亦存下跌情况。综合考量证券市场系统风险因素、尔康制药公司2017年11月23日至2018年1月23日陆续发布的一系列利空公告等风险因素后，本院酌情确定尔康制药公司的虚假陈述行为对原告造成的投资损失承担90%的赔偿责任。对此，本院认定的尔康制药公司对每案原告的赔偿金额详见附表《法院认定赔偿金额》（略）。

关于焦点六。经审查，《若干规定》第21条规定："发起人、发行人或者上市公司对其虚假陈述给投资人造成的损失承担民事赔偿责任。发行人、上市公司负有责任的董事、监事和经理等高级管理人员对前款的损失承担连带赔偿责任。但有证据证明无过错的，应予免责。"上述规定表明，在证券虚假陈述责任纠纷案件中，上市公司的董事、监事、高级管理人员和其他直接责任人员承担民事赔偿责任的归责原则为过错推定原则。即对于上市公司的董事、监事、高级管理人员和其他直接责任人员，推定其对于上市公司的虚假陈述行为给投资者造成的损失存在过错，但其能证明自身无过错的除外。尔康制药公司虚假陈述案中，根据证监会《行政处罚决定书》认定的事实，在尔康制药公司案涉虚假陈述的过程中，帅放某时任尔康制药公司的董事长、法定代表人，公司负责人。帅放某是信息披露违法违规行为直接负责的主管人员，帅放某在该公司2016年年度报告上签字。证监会对帅放某给予警告，并处以30万元罚款。根据上述事实，推定作为直接责任人员的帅放某对于尔康制药公司的虚假陈述行为给原告造成的损失存在过错。被告帅放某提出的抗辩理由不能成立，本院不予采信。因此，对于原告提出的要求帅放某对其投资的各项损失承担连带赔偿责任的诉讼请求，本院予以支持。

综上所述，依照《侵权责任法》第8条、2014年《证券法》第63条、《若干规定》第7条、第17条、第18条、第19条、第20条、第21条、第30条、第31条、第33条之规定，并经本院审判委员会讨论决定，判决如下：

一、被告尔康制药公司应于本判决生效之日起十日内向原告赔偿损失合计16,801,515.54元（具体每案原告的获赔金额详见附表的《法院认定赔偿金额》）；

二、被告帅放某对被告尔康制药公司的上述债务承担连带赔偿责任；

三、驳回原告的其他诉讼请求。

如果上述付款义务人未按本判决指定的履行期间履行给付金钱义务，应当依照《民事诉讼法》第253条之规定，加倍支付迟延履行期间的债务利息。

各案案件受理费承担详见附表。各案案件受理费已由原告预交，由被告尔康制药公司承担的部分应于本判决生效之日起十日内径付原告。如不服本判决，可以在判决书送达之日起十五日内，向本院递交上诉状，并按照对方当事人或者代表人的人数提出副本，上诉于湖南省高级人民法院。

审　判　长　李　晴
审　判　员　李祖湖
审　判　员　熊晓震
审　判　员　黎　蒙
审　判　员　王红兰
审　判　员　黄红萍
审　判　员　戴　静
审　判　员　龙付送
审　判　员　李雨佳
二〇一九年七月二十六日
书　记　员　刘佳林

本案相关新闻报道

尔康制药支持诉讼案获长沙中院受理

2019 年 1 月 24 日,由投服中心提起、公益律师尹湘南[上海兰迪(长沙)律师事务所]团队代理的尔康制药虚假陈述损害赔偿支持诉讼案件正式被长沙市中级人民法院受理。

确定虚假陈述揭露日

2018 年 6 月 15 日,尔康制药收到湖南证监局《行政处罚决定书》,其中认定 2015 至 2016 年,尔康制药通过从全资子公司全额现款购入原料等方式,虚增 2015 年、2016 年年度营业收入和净利润,使 2015 年、2016 年年报存在虚假记载。其中 2015 年虚增部分占当期披露营业收入的 1.03%、披露净利润的 2.62%;2016 年虚增部分占当期披露营业收入的 8.61%、披露净利润的 22.63%。

2017 年 5 月 9 日,某自媒体微信公众号发表了质疑尔康制药财务舞弊的文章,文章对尔康制药柬埔寨子公司 18 万吨药用木薯淀粉生产项目的实际盈利能力、尔康制药固定资产扩增及其已缴纳房产税与房建项目不匹配等情况提出疑问。文章发布之后尔康制药股票跌停,并自 2017 年 5 月 10 日开始进行临时停牌直至 11 月 23 日复牌。2017 年 8 月 9 日,尔康制药公告收到证监会立案调查通知书,称"因公司涉嫌信息披露违法违规"被正式立案调查。由于此前发表公众号文章的媒体属性使其在影响力和公信力方面缺乏权威性,不完全符合相关司法解释中对于揭露日的阐释,故投服中心出面,将 2017 年 8 月 9 日尔康制药公告证监会立案调查之日作为本案的揭露日。

揭露日的确定,是明确虚假陈述损害赔偿投资者损失的必要条件。明确涉案违法行为揭露日,能让中小投资者明晰损失,更恰当地作出维权选择,降低诉讼风险。

损失计算软件提升效率

投资者因虚假陈述造成的损失计算在虚假陈述损害赔偿案件中耗时耗力。而本案自 2016 年 4 月 5 日尔康制药发布存在虚假信息的 2015 年年报至 2017 年 8 月 9 日收到证监会立案调查通知书期间,进行了一次分红和两次派息,更加剧了手工计算基础价差损失的繁复性。投服中心通过证券虚假陈述损失计算软件在短时间内完成了基础价差损失的损失计算。本案公益律师尹湘南团队和投服中心工作人员同时人工计算核对与软件测试,基本确认了软件测试结果的可靠。根据公开信息,截至 2019 年 1 月 19 日,长沙中院已经收到 704 位投资者提出的尔康制药民事诉讼请求,累计诉求金额超过 4.13 亿元。面对如此巨大的案件数量,投服中心建议未来通过广泛使用损失计算软件的方式,进一步减轻审判压力,提升审判效率。

保护中小股东,继续坚持"追首恶"

不同于"*ST""退市"股票损害赔偿诉讼,尔康制药在被证监会处罚之后,生产经营活动正常进行,偿付能力有一定保障。帅放某是证监会行政处罚决定书中对虚假陈述行为负主要责任的管理人员。经投资者同意,投服中心将尔康制药董事长、实际控制人、法定代表人帅放某列为第一被告,要求帅放某承担主要赔偿责任,这既体现了投服中心"追责到人"的原则,也是减轻对上市公司生产经营的影响、保护中小股东利益的一种维护方式。

方正科技案

方正科技虚假陈述案件损失核定评析

万　辰*

案 件 意 义

本案是全国首例公开宣判并生效的示范案件，开创性地引入投服中心作为第三方专业机构辅助法院进行损失核定，奠定了证券领域投资者司法救济的里程碑。

本案先后入选由人民法院报编辑部评选的“2019 年度人民法院十大民事行政及国家赔偿案件”，由中国法学会案例法学研究会、最高人民法院司法案例研究院、《法律适用》、《中国法律评论》和《南方周末》联合主办的第十五届“中国十大影响性诉讼”，开创了“示范判决＋损失核定＋诉调对接”的投资者赔偿救济新模式。

本文重点阐释本案损失核定原理，并简要整理目前实践现状。

案 情 简 介

方正科技集团股份有限公司（以下简称方正科技）是北大方正集团有限公司（以下简称方正集团）旗下的内地上市企业。

* 投服中心维权事务部高级经理，参与方正科技案损失核定工作。

2015 年 11 月 19 日，方正科技收到证监会《调查通知书》（沪调查字 2015 – 1 – 76 号），因公司涉嫌信息披露违法违规，根据 2014 年《证券法》的有关规定，证监会决定对公司立案调查。

2016 年 12 月 19 日，公司收到证监会〔2016〕104 号《行政处罚事先告知书》，证监会拟对公司及相关责任主体作出行政处罚。

2017 年 5 月 9 日，公司收到证监会〔2017〕43 号《行政处罚决定书》。

处罚决定书主要针对公司未依法及时披露与经销商之间的关联关系及关联交易与方正集团、武汉国兴科技发展有限公司（以下简称武汉国兴）未按规定披露持有方正科技股票进行处罚。

1. 方正科技与方正科技各经销商间的关联关系：方正科技共有 28 家经销商，方正科技通过全资子公司深圳方正信息系统有限公司、上海新延中文化传播有限公司持有其中 23 家方正经销商股权。方正科技在 2003 年公司年报中披露与前述经销商中的 23 家存在关联关系。方正科技于 2003 年将前述股权全部转让。

1998 年 5 月，方正集团为方正科技控股股东。2012 年 7 月经变更，方正集团为方正科技实际控制人。从 2003 年至证监会调查日，方正集团在人事任免、员工薪酬、资金审批、日常经营管理方面实际控制方正科技经销商。

根据《企业会计准则——关联方关系及其交易的披露》（1997 年）第 3 条、第 4 条的规定，《企业会计准则第 36 号——关联方披露》第 3 条、第 4 条以及《上市公司信息披露管理办法》第 71 条的规定，方正科技与上述经销商因同受方正集团控制而存在关联关系。

方正科技未披露同方正科技各经销商之间的关联交易。方正科技同各经销商之间各期关联交易总额超过 3000 万元且占比均超过了公司最近一期经审计净资产的 5%。2015 年 1 月至 6 月，方正科技及并表子公司同各经销商之间发生关联交易 611,444,565.38 元，占上一年度经审计净资产的比例为 17.30%。

根据《企业会计准则——关联方关系及其交易的披露》（1997 年）第 8 条、《企业会计准则第 36 号——关联方披露》第 8 条以及《上市公司信息披露管理办法》第 71 条的规定，2004 年至 2015 年 6 月 30 日，方正科技同各经销商之间的大额交易，构成关联交易。

根据《公开发行证券的公司信息披露内容与格式准则第 2 号——年度报告的内容与格式》(2003 年修订)第 46 条以及其后修订的相应规定,《公开发行证券的公司信息披露内容与格式准则第 3 号——半年度报告的内容与格式》(2003 年修订)第 40 条以及其后修订的相应规定,公司应当披露报告期内发生的累计关联交易总额高于 3000 万元且占公司最近一期经审计净资产值 5% 以上的重大关联交易事项。2004 年至 2015 年 6 月 30 日,方正科技在各期年报及 2015 年半年报中未依法披露其与上述经销商的重大关联交易事项。

2. 2003 年 10 月,方正集团收购武汉正信国有资产经营有限公司(以下简称武汉正信),武汉正信实际控制武汉国兴。2009 年 6 月 8 日至证监会调查日,武汉国兴由方正集团实际管理。武汉国兴的股东、法定代表人及董事均系方正集团及下属公司员工,武汉国兴股东所持股权为代方正集团持有,武汉国兴的股东权利由方正集团实际行使。武汉国兴证券账户的开立、股票交易等均由方正集团实际控制。武汉国兴证券账户资金来源及去向均为方正集团及其关联公司。

2010 年 5 月 4 日至 2014 年 10 月 21 日,武汉国兴购入并持有方正科技股票,在方正科技 2010 年至 2013 年各期年报中均为方正科技第二大股东。方正集团同武汉国兴在方正科技 2010 年年报的合并持股数为 273, 585, 792 股,合并持股比例为 12. 47%;2011 年至 2013 年合并持股数均为 275, 918, 429 股,合并持股比例均为 12. 58%。

根据《上市公司收购管理办法》(2008 年)第 83 条以及其后修订的相应规定,武汉国兴由方正集团实际控制,两者构成一致行动人。方正集团未按照《公开发行证券的公司信息披露内容与格式准则第 2 号——年度报告的内容与格式》(2012 年修订)第 40 条的规定,将其与武汉国兴的一致行动人关系告知方正科技,也未将武汉国兴持有的方正科技股权与方正集团合并计算并披露。

证监会对此作出行政处罚决定,对方正集团、方正科技、武汉国兴责令改正,给予警告,并分别处以 60 万元罚款。方正科技的相关人员处以 5 万元至 30 万元不等的罚款,其中,对部分人员给予警告。

案件背景

(一)诉讼流程

2018 年 12 月,上海金融法院选定方正科技案作为示范判决首案。

2019 年 1 月 16 日,上海金融法院印发《关于证券纠纷示范判决机制的规定(试行)》(沪金融法〔2019〕2 号),明确了示范判决机制及流程,尤其是确定了由国家机关或依法设立的公益性组织机构支持诉讼案件可优先选定作为示范案件,并进一步明确了可委托专业机构核定损失。

2019 年 1 月 23 日,经原被告双方同意,上海金融法院委托投服中心对方正科技证券虚假陈述案潘某某等 4 名投资损失进行核定。2019 年 2 月 20 日,投服中心正式出具《损失核定意见书》。2019 年 3 月 13 日,金融法院通知投服中心作为第三方损失核定机构以类鉴定人身份出庭。

2019 年 3 月 21 日,上海金融法院首例示范判决(方正科技虚假陈述案)公开开庭审理,投服中心作为第三方投资者损失核定机构首次出庭并接受各方质询。

2019 年 8 月 7 日,上海市高级人民法院判决驳回被告上诉,维持原判。

投服中心在一审和二审中首次以独立第三方专业机构辅助法院进行损失核定。

(二)损失核定软件开发背景

2016 年,证监会与最高人民法院联合部署,将“推动建立示范判决机制”作为落实证券期货纠纷多元化解机制试点工作的重要举措。为推动示范判决机制尽快落地,投服中心开展了扎实的研究和准备。2018 年,投服中心与上海市第一中级人民法院合作的课题《证券支持诉讼示范判决机制研究》在首届中小投资者投服论坛上宣介。2019 年 1 月,上海金融法院发布《关于证券纠纷示范判决机制的规定(试行)》(沪金融法〔2019〕2 号),其中明确优先选定国家机关或依法设立的公益性组织机构支持诉讼案件作为示范案件,并明确了可委托第三方专业机构核定损失。2019 年 6 月至 7 月,最高人民法院、上海市高级人民法院及上海金融法院相继发布科创板并试点注册制改革的相关规定,明确推广示范判决机制,充分发挥专家证人在案件审理中的作用。

投服中心以损失计算为切入点,开发证券虚假陈述案投资者损失计算软件,推动示范判决机制尽早落地。该损失计算软件具备投资差额损失计算、证券市场系统风险扣除计算和证券市场非系统性风险扣除计算等三大核心功能。投资差额损失计算功能可提供移动加权平均法和实际成本法两种买入均价算法,其中,移动加权平均法是公认的最合理的买入成本计算方法,以往该算法受限于计算过程烦琐,很少在司法实践中应用,损失计算软件有效解决了这一司法实践的痛点。投服中心还创新性地提出"3 + X"组合参考指数的证券市场系统风险认定与扣除方法。自 2017 年以来,最高人民法院民二庭领导先后 3 次赴投服中心就损失计算软件开发应用进行调研。经上海市高级人民法院组织专家评估,损失计算软件的计算逻辑得到了一致认可。

案 件 特 点

本案在损失核定上主要关注的焦点集中于:买入均价的计算、系统性风险的扣除。

(一)买入均价的计算

1. 实际成本法(简单加权平均法)

该方法在一些实践中也被称为简单加权平均法。实际成本法的运算逻辑,是以实施日至揭露日,投资者自"第一笔有效买入"开始,买入股票的总成本减去其在此期间卖出该股票收回的资金,除以买入股数与卖出股数之差,计算出股票买入均价,其公式可表述:买入均价 =(买入总金额 - 卖出总金额)/(买入股数 - 卖出股数)。相应地,投资差额损失 =(买入均价 - 卖出均价)× 揭露日至基准日卖出股票数量 +(买入均价 - 基准价)× 基准日持有股票数量。

2. 移动加权成本法

移动加权成本法的运算逻辑,是投资者于实施日至揭露日期间自"第一笔有效买入"开始,每次买入股票后,以新买入的股票成本加上前次的持仓成本,除以本次买入的股票数量加上前次的持仓数,以该方法,每次新买入股票的交易影响并形成新的买入成本,每次卖出股票的交易只影响并减少持股数量,对持股的成本单价不产生影响,揭露日的持股数和持股成本客观上不受揭露日前卖出股票的影响。以该方法，买入均价 =（Σ本次购入股票金额 + 本次购入前持股成本）/（Σ本次购入股票数量 + 本次购入前持股数量）。投资差额损失 =（买入均价 − 卖出均价）× 揭露日至基准日期间卖出股票数量 +（买入均价 − 基准价）× 基准日持有股票数量。

3. 两种算法的比较分析

实际成本法简单快捷，适于人工计算，故在司法实践中运用最为普遍。但该算法的计算缺陷是，只要投资者在揭露日前有卖出操作，按此算法计算出的揭露日有效持股数的平均买入成本即与实际平均买入成本不符。如果投资者操作水平较差，频繁高买低卖，则计算出的买入均价会高于实际平均买入成本，因为其中包含了投资者的交易损失，极端情况下甚至远高于该股票的最高价格；反之，如果投资者操作水平较高，频繁高抛低吸，则计算出的买入均价会低于实际平均买入成本，因为其中包含了投资者的交易获利，极端情况下甚至远低于其卖出均价，导致其因获利而失去索赔资格。这种计算结果会导致投资者因操作水平高获利而失去索赔资格。

移动加权成本法对投资者的每笔买入交易加权计算，卖出交易不影响交易成本计算，能够相对真实地反映投资者的实际买入成本，对原告和被告均较为公平。然而，该算法计算过程复杂，靠人工计算效率较低，过于耗费时间精力，因此，以往司法实践中较少使用。

4. 一些司法实践中的其他算法

在一些司法实践的判例中，人们也注意到了一些法院对买入均价的算法有一些自己的理解，采用了一些其他的方法。比如，在南京市中级人民法院的雅百特案一审判决中，采用的是投资者实施日到揭露日所有买入金额除以买入股数，在判决书中公布的公式为，投资差额损失 =（买入证券平均价格 − 卖出证券平均价格）× 揭露日至基准日期间卖出的可索赔证券的数量 +（买入证券平均价格 − 基准价）× 基准日之后卖出或仍持有的可索赔证券的数量。买入均价 = 实施日至揭露日期间买入股票的总金额 ÷ 买入总股；卖出均价 = 揭露日至基准日期间卖出股票的总金额 ÷ 卖出总股数。这种方法在我们内部称为算数平均法。除南京市中级人民法院的雅百特案外，昆明市中级人民法院已判决的退市昆机案一审中也采用了这种算法。

5.索赔计算范围问题

《最高人民法院关于审理证券市场因虚假陈述引发的民事赔偿案件的若干规定》(以下简称《若干规定》)第19条规定:“被告举证证明原告具有以下情形的,人民法院应当认定虚假陈述与损害结果之间不存在因果关系:(一)在虚假陈述揭露日或者更正日之前已经卖出证券……”依据该规定,在损失计算前,先对投资者在实施日至揭露日期间交易记录的“证券余额”进行逐日考察,若收盘后“证券余额”为“0”的,依法推定该日前买进的股票已全部卖出,该日前的交易记录不参与损失计算(包括差额损失和证券市场风险扣除计算),该日后的首笔买入交易为“第一笔有效买入”,参与损失计算。

这个问题是在一些算法中讨论的是否要“先进先出”的问题。投服中心认为,《若干规定》的原意是保护揭露日受保护的股数,这个问题在一些理解中会产生歧义,已经在各法院观点中达成共识的是实施日前的买入是不受保护的,只保护实施日后至揭露日前的买入,但实施日后揭露日前在投资者清仓的情况下是否要清零计算?即从清零后第一笔交易进行计算?

投服中心的观点和算法如前所述采用的是清仓清零的算法,理由是“先进先出”原则。投服中心认为,《若干规定》保护的是揭露日时形成的受保护的股票余额(剔除了实施日余额的部分,若实施日前没有余额则直接等于余额,以下简称揭露日余额)。揭露日余额的形成实际上是以揭露日为基点从后向前推形成的,若中间有清零的状态,自然与之前的交易断绝了形成上的因果关系。

有部分法院的相反观点认为,实施日后揭露日前的买入(以及卖出,有些法院将卖出也纳入考虑),都是投资者的投入的成本,不能因为清零就否认了之前的投入。

投服中心保留异议观点,供读者自己思考。

(二)系统性风险的计算核定方法

证券市场系统风险等其他因素的扣除依据:《若干规定》第19条第4项规定,被告举证证明原告具有损失或者部分损失是由证券市场系统风险等其他因素所导致的情形的,人民法院应当认定虚假陈述与损害结果之间不存在因果关系。依该规定,在计算投资者损失时,如果存在证券市场系统风险等其他因素影响投资者的,应当扣除该等风险因素所导致的损失。证券市场系统风险,是指引起整个证券市场或局部市场、局部行业的股票价格波动,使投资者蒙受损失的风险,这种风险具有客观性，为个别企业或行为所不能控制。在本案证券市场系统风险的考察期间内，证券市场出现了较为剧烈的波动，使投资者因此蒙受损失。

1. 以“3 + X”组合指标体系作为证券市场系统风险的参考指标

证券市场系统风险存在与否，通常可以通过证券市场的大盘指数和行业板块指数的波动情况作出判断。而行业板块指数越细分，与系争股票的关联性越强。基于证券市场的复杂性，任何单一指数都无法作为认定证券市场系统风险的单独指标，应当围绕个股紧密性原则，构建证券市场系统风险的组合参考指标体系。损失计算软件采用了“3 + X”的组合参考指标体系。其中，“3”代表综合指数、一级行业指数和三级行业指数（统称行业指数），这三类指数是必选指数。综合指数包括上证综指、深证综指、中小板综指、创业板综指，系争股票根据其上市板块只选择与其关系最紧密的一个综合指数作为参考指标；行业指数采用市场上相对权威、使用较广的申万指数。“X”则代表热点比较突出的反映系争股票特点的概念指数，属于可选指数。由于概念指数带有明显的阶段性特征，如果考察期间系争股票不涉及热点概念，也可不选择“X”指数（见表1）。

表1 “3 + X”组合指标体系明细

序号	股票属性	综合指数	行业指数		可选指数
			一级行业指数	三级行业指数	
1	上海证券交易所上市股票	上证综合指数 000001	申万一级行业指数	申万三级行业指数	根据系争股票特点选择最紧密的概念指数
2	深圳证券交易所主板上市股票	深证综合指数 399106	申万一级行业指数	申万三级行业指数	根据系争股票特点选择最紧密的概念指数
3	中小板上市股票	中小板综合指数 399101	申万一级行业指数	申万三级行业指数	根据系争股票特点选择最紧密的概念指数
4	创业板上市股票	创业板综合指数 399102	申万一级行业指数	申万三级行业指数	根据系争股票特点选择最紧密的概念指数

2. 证券市场系统风险的考察区间

证券市场系统风险的考察区间包括期间起始日和期间终止日。考察期间起始日为“第一笔有效买入日”。

考察区间终止日根据每个投资者在揭露日至基准日的持仓情况来确定，由程

序根据交易记录自动识别。例如,假设某投资者在揭露日持有有效股份余额为b,则考察区间终止日的判定情况如表2所示:

表2 考察区间终止日判定情况

判定情况	考察区间终止日
(1)揭露日至基准日,有效股份余额b被全部卖出	根据先进先出原则,考察区间终止日为该投资者累计卖出有效股份余额达到b之日
(2)揭露日至基准日,有效股份余额b被部分卖出,累计卖出股份数为a	考察区间终止日有两个:第一个终止日为累计卖出股份数达到a之日;第二个终止日即为基准日

需要说明的是,上表中情况1和情况2中的股份数a和b均是根据先进先出原则判定后确定的数量。对于情况2,因存在两个考察区间终止日,故存在两个考察区间,分别计算扣除比例。

3. 组合指数参与证券市场系统风险扣除计算的判定方法

综合指数、行业指数和概念指数对证券市场的影响不尽相同,其中综合指数对市场的影响面最广,而行业指数和概念指数对市场的影响表现为局部性,且与相关个股关系更紧密,对相关个股股价影响更大。另外,在同一考察期内,组合指数的走势也时常出现差异性,有的指数上涨,有的指数下跌;有的指数跌的多,而有的指数跌的少。根据组合指数的上述特性,可以将其概括为四种情况,不同情况下组合指数参与证券市场系统风险扣除计算的判定方法如表3所示:

表3 组合指数参与证券市场系统风险扣除计算判定

组合指数波动情况	综合指数(i1)	一级行业指数(i2)	三级行业指数(i3)	概念指数(i4)	参与系统风险扣除计算的指数	说明
情况1	↓	—	—	—	i1、i2、i3、i4	综合指数下跌,说明存在全局性系统风险,4种参考指数均参与计算
情况2	↑	↓	—	—	i2、i3、i4	综合指数上涨,且一级行业指数下跌,说明存在行业性的系统风险,故仅一级行业指数、三级行业指数和概念指数参与计算

续表

组合指数波动情况	综合指数（i1）	一级行业指数（i2）	三级行业指数（i3）	概念指数（i4）	参与系统风险扣除计算的指数	说明
情况 3	↑	↑	↓	—	i3、i4	综合指数和一级行业指数均上涨，且三级行业指数下跌，说明存在局部性的系统风险，故仅三级行业指数和概念指数参与计算
情况 4	↑	↑	↑	—	i4	综合指数、行业指数均上涨，虽无系统风险，但 A 股市场有喜欢炒作概念的特点，概念指数对相关个股影响显著，故将概念指数参与计算

注：↓代表下跌，↑代表上涨，—代表无须判定，直接参与计算

（1）端点对比法

参与证券市场系统风险扣除计算的指数，是按照上述规则判定后最终选取的指数组合，其种类为 1 个至 4 个，因案而异。损失计算公式可以表述为，投资者可获赔投资差额损失 = 投资差额损失 ×［1 − min（D，0）/G］。

上述公式中，D 表示选定组合指数在考察区间的平均值，G 表示系争股票在考察区间的涨跌幅，函数 min（D，0）表示在 D 值和 0 之间选择数值较小者参与计算。如果 D≥0，则表明系争股票未受证券市场系统风险影响；如果 D＜0，则表明系争股票受到证券市场系统风险的影响并需要扣除，如果 D＜0，且｜D｜＞｜G｜，表明系争股票不仅受证券市场系统风险的影响，而且投资者的损失完全由该风险造成。组合指数平均值 D =（参考指数 1 涨跌幅 + 参考指数 2 涨跌幅 + ……参考指数 N 涨跌幅）/N，N 代表参与计算的指数的数量。

（2）同步指数对比法

同步指数对比法的原理是，该方法在核定系统风险比例时，根据每一位原告的

交易实况,考虑其持股数量和价格的权重,合理确定系统风险的考察区间,并对比同期大盘指数和行业指数。以下以方正科技案为例。

同步指数对比法的原理是,从投资者第一笔有效买入开始,假设投资者买卖方正科技股票时,同时买入卖出相同数量的指数,每一笔交易都同步对应指数的买入卖出,指数的价格取交易当日的收盘指数。揭露后卖出的或持有股票的,假设也同步卖出或持有对应的指数。

具体计算方法是,将每个投资者持股期间的个股跌幅与大盘指数、行业指数的跌幅进行对比,用相对比例法扣除证券市场系统风险的影响。其中,个股跌幅=(个股买入均价-个股卖出均价或个股基准价)/个股买入均价;指数跌幅=(指数买入均价-指数卖出均价或指数基准价)/指数买入均价;系统风险扣除比例=指数平均跌幅/个股跌幅。在方正科技案中,指数跌幅的参考指数包括上证综指、申万一级行业计算机行业指数和申万三级行业计算机设备行业指数,上述三种指数分别计算出涨跌幅后,按照投服中心"3+X"组合指数的判定规则判定纳入系统风险比例计算的指数涨跌幅数值,计算出参考指数平均涨跌幅。指数买入均价、个股买入均价采用移动加权成本法计算。

证券市场系统风险扣除比例=指数平均跌幅/个股跌幅。在该公式中,指数平均跌幅是将案件选取的参考指数分别计算出涨跌幅后,按照前文"3+X"组合指数的判定规则判定纳入证券市场系统风险比例计算的指数涨跌幅数值,计算出参考指数的平均跌幅。即指数平均跌幅=(参考指数1跌幅+参考指数2跌幅+……参考指数N跌幅)/N,N代表参与计算的指数的数量。

本方法具有如下特点:一是将投资者每笔买入股票的数量、价格与当日的收盘参考指数数值相对应,买入股票数量的权重能够在指数上得到反映,系统风险的考察区间更精准;二是充分考虑不同投资者的交易实况,分段扣除系统风险比例,计算结果更客观公正。

表4是运用同步指数对比法核定某投资者系统风险扣除比例的计算过程与结果(计算结果为正数,代表下跌;计算结果为负数,代表上涨):

表 4　系统风险扣除比例核定

<table>
<tr><td>项目</td><td>上证综指</td><td>申万一级指数</td><td>申万三级指数</td><td>均值</td><td>系统风险</td></tr>
<tr><td>指数买入均价(A)</td><td>3539.04</td><td>6141.54</td><td>3629.70</td><td>—</td><td>—</td></tr>
<tr><td>揭露后指数卖出均价(B)</td><td>3630.5</td><td>6815.05</td><td>4000.38</td><td>—</td><td>—</td></tr>
<tr><td>揭露日至基准日指数均价(D)</td><td>3536.41</td><td>6659.22</td><td>3868.13</td><td>—</td><td>—</td></tr>
<tr><td>对比区间 1:A - B 指数跌幅</td><td>-2.58%</td><td>-10.97%</td><td>-10.21%</td><td>-7.92%</td><td>-174.07%</td></tr>
<tr><td>对比区间 2:A - D 指数跌幅</td><td>0.07%</td><td>-8.43%</td><td>-6.57%</td><td>-4.98%</td><td>-30.07%</td></tr>
<tr><td colspan="3">个股买入均价对比个股卖出均价的个股跌幅(对比期间 1)</td><td colspan="3">4.55%</td></tr>
<tr><td colspan="3">个股买入均价对比个股基准价的个股跌幅(对比期间 2)</td><td colspan="3">16.56%</td></tr>
<tr><td colspan="2" rowspan="6">对比期间 1 系统风险计算过程</td><td colspan="2">上证综指跌幅</td><td>-2.58%</td><td rowspan="6">无系统风险影响</td></tr>
<tr><td colspan="2">申万一级指数跌幅</td><td>-10.97%</td></tr>
<tr><td colspan="2">申万三级指数跌幅</td><td>-10.21%</td></tr>
<tr><td colspan="2">参考指数平均跌幅</td><td>-7.92%</td></tr>
<tr><td colspan="2">个股跌幅</td><td>4.55%</td></tr>
<tr><td colspan="2">系统风险比例</td><td>-174.07%</td></tr>
<tr><td colspan="2" rowspan="6">对比期间 2 系统风险计算过程</td><td colspan="2">上证综指跌幅</td><td>0.07%</td><td rowspan="6">无系统风险影响</td></tr>
<tr><td colspan="2">申万一级指数跌幅</td><td>-8.43%</td></tr>
<tr><td colspan="2">申万三级指数跌幅</td><td>-6.57%</td></tr>
<tr><td colspan="2">参考指数平均跌幅</td><td>-4.98%</td></tr>
<tr><td colspan="2">个股跌幅</td><td>16.56%</td></tr>
<tr><td colspan="2">系统风险比例</td><td>-30.07%</td></tr>
</table>

结论:投资者未受系统风险影响。

(三)系统性风险及非系统性风险计算的未来展望

1. 系统性风险新算法观察

近期上海金融法院在上海普天案中使用了多因子模型法①,法院采纳上海交通大学中国金融研究院《损失核定意见书》中多因子模型法和 A 股 B 股关联法确定投资者受虚假陈述行为因素导致的损失金额的意见,公告披露不仅包括大盘因素、行业因素,还涵盖了 ST、* ST 和充电桩的因素。

① 参见上海普天邮通科技股份有限公司相关公告。

投服中心目前提供的"3 + X"算法中有概念指数的考量。

目前,尚未看到相关公开的判决书,仅能为读者引用科普下关于多因子模型的概念。

多因子模型是关于资产定价的模型,常用于量化投资。与资本资产定价模型和单指数模型不同,多因子模型认为证券价格不仅取决于证券的风险,还取决于其他一些因素,如投资者未来预期收入、未来消费品的相对价格及未来的投资机会等。

多因子模型有很多较为复杂的概念和操作,比如,因子的极值、因子的标准化、因子间的相关性、因子的中性化处理、因子的有效性和稳定性、各因子的权重等问题,本文仅对多因子模型进行一些简单的科普。①

要弄清楚什么是多因子模型,得从资本资产定价模型(Capital Asset Pricing Model, CAPM)开始介绍。

(1)CAPM

CAPM 是现代金融市场价格理论的支柱。在 CAPM 出现之前,股票的收益率仅仅是其价格的涨跌,投资者仅凭其直觉或者分析财务报表进行投资决策。

CAPM 提出了资产的系统性风险系数 β,这是 CAPM 重要的贡献之一,它使得人们能够将任意资产的超额收益率分解为市场和非市场(残差)两个部分。

而后,投资者逐渐发现具有某些相似特征的股票在市场上会有相似的走势,仅通过单因子解释市场的 CAPM 存在一定的不足,因此,套利定价理论(Arbitrage Pricing Theory, APT)被提了出来。

(2)APT

APT 模型用多个因素来解释风险资产的收益,该模型认为,单只股票或者股票组合的预期收益率是与一组影响它们的系统性因素的预期收益率呈线性相关的。至此,影响股票预期收益率的因素从 CAPM 中的单一因素扩展到多个因素。

多因子模型(Multi-Factor Model, MFM)正是基于 APT 模型的思想发展出来的模型。

---

① 以下科普部分引用自《多因子选股(一):试试多因子模型吧》,载知乎网:https://zhuanlan.zhihu.com/p/149541034,本文已获授权引用。

（3）MFM

多因子模型定量刻画了股票预期收益率与股票在每个因子上的暴露程度及每个因子的预期收益率之间的关系。该理论认为，个股的预期收益是由个股的因子暴露决定的，每个因子有一个因子预期收益，股票的预期收益等于每个因子暴露度与相应因子预期收益的乘积之和，再加上股票的残差收益率。模型的一般表达式如下：

对于多因子模型，必须弄清楚因子暴露（factor exposure）和因子收益率（factor return）这两个核心概念。

因子，即描述股票某方面特征的因素，比如，市值因子描述了股票的总市值，市盈率（P/E）因子描述股票价格和收益的比值等。

因子暴露，就是股票在因子上的取值，比如，某只股票的市盈率（P/E）为 45.5，那么它对 P/E 因子的因子暴露就是 45.5。

因子收益率，则是指每单位因子暴露所承载的收益率。

著名的 MSCI（明晟）公司在其股权市场因子框架（Equity Factor Framework）中，列出了 10 个一级因子，包括波动性因子（Volatility）、质量因子（Quality）、动量因子（Momentum）、价值因子（Value）、市场情绪因子（Sentiment）、股利因子（Yield）、规模因子（Size）、成长因子（Growth）、流动性因子（Liquidity）、宏观因子（Macro）。一级因子之下又分出二级因子和三级因子。

2. 非系统性风险算法逻辑

证券市场非系统性风险，是指由个别股票自身因素所带来的使投资者蒙受损失的风险。该风险通常只影响某一只股票的价格，对其他股票不产生影响。主要条文依据为《若干规定》中“证券市场系统风险等其他因素”的表述。

投服中心认为：首先，“证券市场系统风险”只是排除虚假陈述与侵害结果之间因果关系的“其他因素”中的一种因素。不仅“证券市场系统风险”所造成的投资者损失应当被扣除，而且与虚假陈述行为本身无关的其他因素给投资者造成的损失都应予以扣除。其次，企业经营风险等证券市场非系统性风险往往是导致投资者损失的最常见的风险因素，应属“其他因素”的范畴。对于非系统性风险所导致的投资者损失，也应予以扣除。

非系统性风险属于个股风险，故不能用指数作为其参照依据。对上市公司而言,其披露的信息直接影响股价走势。在虚假陈述案件的实施日至基准日期间,上市公司可能会披露与虚假陈述行为无关的重大事件信息,若属利空消息,很可能会对股价下跌起到助推作用,若属利好消息,则可能会对股价下跌起到减缓甚至抵消的作用。这些与虚假陈述行为无关的重大事件信息属于非系统性风险,其导致投资者的损失不在法定的赔偿范围之内,应当予以扣除。

通过损失计算软件,可以统计出A股市场上重大诉讼、重大担保等每一类重大事件(参考2014年《证券法》规定及证监会、交易所规章文件中对于"重大事件"的定义)对个股股价影响的历史平均值,并以该数值作为参考依据应用于具体案件中,通过一定的算法规则,计算出案件中应当扣除的非系统性风险比例值。

目前,投服中心正在对该算法进行内部测试。

本案相关判决书

上海金融法院民事判决书

(2018)沪74民初330号

原告:卢某某,男,1963年9月25日出生,汉族,住址:(略)。

原告:杨某某,男,1966年3月8日出生,汉族,住址:(略)。

原告:蔡某某,男,1963年1月5日出生,汉族,住址:(略)。

原告:潘某某,女,1962年10月22日出生,汉族,住址:(略)。

以上原告委托诉讼代理人:吴立骏,上海市东方剑桥律师事务所律师。

以上原告委托诉讼代理人:吴志宏,上海市东方剑桥律师事务所律师。

被告:方正科技集团股份有限公司(以下简称方正科技公司),住所地:(略)。

法定代表人:刘某,董事长。

委托诉讼代理人:张保生,北京市中伦律师事务所律师。

委托诉讼代理人:朱媛媛,北京市中伦律师事务所律师。

原告卢某某、杨某某、蔡某某、潘某某(以下简称为原告投资者)与被告方正科技公司证券虚假陈述责任纠纷一案,本院于2018年9月5日立案后,依法适用普通程序,公开开庭进行了审理。本案系本院依照《上海金融法院关于证券纠纷示范判决机制的规定(试行)》在投资者诉被告方正科技公司证券虚假陈述责任纠纷系列案件中依职权选定的示范案件。原告投资者委托诉讼代理人吴立骏，被告方正科技公司委托诉讼代理人张保生、朱媛媛到庭参加诉讼。本案现已审理终结。

原告卢某某向本院提出诉讼请求：(1)请求判令被告向原告赔偿人民币 12,986 元(以下币种均为人民币)，其中包含印花税、佣金和利息损失；(2)请求判令诉讼费用由被告承担。

原告杨某某向本院提出诉讼请求：(1)请求判令被告向原告赔偿 23,990 元，其中包含印花税、佣金和利息损失；(2)请求判令诉讼费用由被告承担。

原告蔡某某向本院提出诉讼请求：(1)请求判令被告向原告赔偿 83,667 元，其中包含印花税、佣金和利息损失；(2)请求判令诉讼费用由被告承担。

原告潘某某向本院提出诉讼请求：(1)请求判令被告向原告赔偿 297,072 元，其中包含印花税、佣金和利息损失；(2)请求判令诉讼费用由被告承担。

事实与理由：2017 年 5 月 5 日，中国证券监督管理委员会(以下简称证监会)〔2017〕43 号《行政处罚决定书》(以下简称《行政处罚决定书》)对被告方正科技公司等的信息披露违法违规行为作出了行政处罚。原告投资者针对《行政处罚决定书》中所认定的方正科技公司未披露关联交易的行为要求被告承担民事赔偿责任。原告投资者在被告方正科技公司虚假陈述实施日(2005 年 3 月 19 日，即方正科技公司发布《2004 年年度报告》之日)以后、揭露日(2015 年 11 月 20 日)之前购买方正科技股票，因被告信息披露违法违规行为受到投资损失。依照 2014 年《证券法》、《最高人民法院关于审理证券市场因虚假陈述引发的民事赔偿案件的若干规定》(以下简称《若干规定》)的规定，原告投资者交易方正科技股票产生的相应投资差额损失以及税费损失与被告方正科技公司的信息披露侵权行为存在法律上的因果关系，故诉请判令被告方正科技公司承担赔偿责任。

被告方正科技公司答辩称，应当驳回原告投资者全部诉讼请求。理由是：(1)方正科技公司被行政处罚的信息披露违法违规行为不属于应当承担民事赔偿责任的虚假陈述行为，不会诱导投资者买入股票。方正科技公司与经销商之间的交易是非常稳定的商业模式，交易真实、价格公允，并未导致方正科技公司财务数据失真。方正科技公司实属未准确知晓控股股东对其他公司的控制关系才未披露关联交易，并非为了粉饰业绩、调节利润而恶意造假或欺诈。(2)本案原告投资者并非在方正科技公司信息披露违法违规行为发生后立即买入方正科技股票，而是直到 2015 年 4 月至 7 月才开始集中买入方正科技股票，其买入方正科技股票主要因为 2014 年下半年到 2015 年上半年的

“牛市”及方正科技公司发布的一系列重大利好公告,与信息披露违法违规行为没有交易因果关系。(3)如认定方正科技公司应承担民事赔偿责任,本案虚假陈述行为实施日为2004年年报公告日(2005年3月19日),揭露日为《调查通知书》公告日(2015年11月20日),基准日为(2016年1月5日),基准价为6.42元。本案应以先进先出法及普通加权平均法作为平均买入价的计算方法。(4)原告投资者即使存在投资损失,也主要是由证券市场系统风险和方正科技公司自身经营情况恶化等非系统风险因素叠加造成的,与方正科技公司信息披露违法违规行为之间并无因果关系。在信息披露违法违规行为被揭露前,原告投资者的损失完全是由证券市场系统风险造成的。在本案揭露日至基准日期间,A股市场继续受“股灾”影响,又在2016年1月4日遭遇首次熔断,该期间系统风险对原告投资损失的影响比例为41.87%。本案系统风险所致原告损失的比例应当以揭露日为基点分段考量。另外,方正科技公司2015年第三季度报告披露业绩下滑的影响也应当酌情考虑,予以剔除。

针对被告的答辩,原告投资者反驳称:(1)方正科技公司自2004年起未披露总额高达数百亿元的关联交易,方正科技公司不承认这数百亿元的交易存在任何水分,令人难以信服。未披露关联交易等于没有给投资者分析判断公司真实业绩的机会,严重影响投资者的决策判断。(2)中小投资者无法准确知晓何时会有“牛市”,何时会有“熊市”,因此,投资者买入股票系因为“牛市”启动的说法不能成立,原告投资者信赖了被告方正科技公司近十年来的各期年报,才选择方正科技股票,因此,在实施日到揭露日期间买入股票并持有至揭露日的投资者其损失与虚假陈述行为有因果关系。(3)本案不存在系统性风险,我国从未发生过证券市场系统性风险。(4)应当以实际成本法计算投资者的损失,简单易行,也符合投资者损失的真实情况。

当事人围绕诉讼请求依法提交了证据,本院组织当事人进行了证据交换和质证。

原告投资者为证明其主张,向本院提供了投资者身份信息、《行政处罚决定书》、证券公司投资者账户明细对账单。

被告方正科技公司为证明其主张,提供了下列四组证据。

第一组:(1)方正科技公司发布的关于收到《行政处罚决定书》的公告;(2)2003年4月9日,方正科技公司发布的《股东大会会议资料》公告;(3)2010年至2013年,方正科技公司年报中关于北大方正集团有限公司(以下简称方正集团)持有方正科技股权的情况及实际控制人情况;(4)上市公司发布控股股东、实际控制人增持公司股份的公告后股价涨跌幅情况统计。本组证据的证明内容为方正科技公司被行政处罚的信息披露违法违规行为，系未披露与经销商的关联交易、未披露方正集团和武汉国兴科技发展有限公司（以下简称武汉国兴）构成一致行动人，该信息披露违法违规行为不影响投资者的投资决策，与投资者的投资决策之间不存在交易因果关系。

第二组：（1）关于2014年下半年至2015年上半年“牛市”的新闻报道；（2）2014年1月1日至2015年6月12日，方正科技收盘价及日成交量；（3）2014年5月31日方正科技公司发布的《关于股权收购暨关联交易的公告》以及2014年6月3日、4日，方正科技复牌后的收盘价；（4）2015年1月30日方正科技公司发布的《2014年年度业绩预增公告》以及2015年1月29日至2月3日方正科技收盘价；（5）2015年4月28日方正科技公司发布的《关于方正宽带网络服务有限公司2014年度盈利预测实现情况专项审核报告》及《关于方正国际软件有限公司2014年度盈利预测实现情况专项审核报告》、2015年4月28日方正科技公司发布的《2014年年度报告》（节选）、2015年4月29日至4月30日方正科技收盘价。本组证据的证明内容为本案原告投资者并非在信息披露违法违规行为发生后立即买入股票，其买入方正科技股票主要发生在2014年下半年到2015年上半年“牛市”期间及方正科技公司发布一系列重大利好公告后。从原告投资者的买入时间来看，原告投资者的投资决策显然主要系受“牛市”行情影响及方正科技公司重大利好公告影响，与方正科技公司的虚假陈述之间没有交易因果关系。

第三组：（1）2005年3月19日方正科技公司发布的《2004年年度报告》公告（节选）；（2）2015年11月20日方正科技公司发布的关于收到证监会《调查通知书》（沪调查字2015－1－76号）的公告；（3）2015年11月20日至11月30日，方正科技股价涨跌幅情况；（4）2016年12月20日方正科技公司发布的关于收到证监会[2016]104号《行政处罚事先告知书》的公告；（5）2016年12月21日方正科技股价涨跌幅情况；（6）方正科技公司《2015年年度报告》中的股本情况、上海证券交易所关于方正科技公司大宗交易协议转让的交易记录查询、基准日的计算过程；（7）基准价的计算过程；（8）原告以实际成本法计算的平均买入价畸高情形统计；（9）2005年3月19日至2018年1月31日方正科技股价波动图和2007年6月19日方正科技股价。本组证据的证明内容为假设认定方正科技公司的信息披露违法违规行为构成《若干规定》规定的应承担民事赔偿责任的重大虚假陈述，也应当采取合法、合理的方法计算投资者的投资损失。

第四组：（1）自2015年“股灾”前夕（2015年6月12日）至本案虚假陈述被揭露前

(2015年11月19日),方正科技、上证指数、A股指数、计算机设备(801101.SL)收盘价;(2)深圳价值在线信息科技股份有限公司出具的《方正科技证券虚假陈述民事赔偿诉讼案之证券市场系统风险补充鉴证报告书》;(3)本案揭露日(2015年11月20日)至基准日(2016年1月5日),关于中国证券市场"股灾"及熔断、中国经济形势、国际经济环境、计算机设备行业(印刷电路板业务、宽带接入业务)的新闻报道;(4)本案揭露日(2015年11月20日)至基准日(2016年1月5日)上证指数、A股指数、计算机设备板块、方正科技的收盘价数据及股价波动对比图;(5)深圳价值在线信息科技股份有限公司出具的《方正科技证券虚假陈述民事赔偿诉讼案之证券市场系统风险鉴证报告书》;(6)2015年10月28日,方正科技公司发布的《2015年第三季度报告》公告(节选);(7)关于2015年方正科技公司经营情况的新闻报道。本组证据的证明内容为原告投资者即使存在投资损失,也主要是由证券市场系统风险和方正科技公司自身经营情况恶化等非系统风险因素叠加造成的,与信息披露违法违规行为之间并无因果关系。

被告方正科技公司对原告投资者提交的证据真实性无异议,但认为:(1)《行政处罚决定书》只能证明被告方正科技公司受到的行政处罚,但是不能证明原告投资者的投资决策与行为有因果关系;(2)证券公司投资者账户明细对账单只能证明原告投资者买入卖出过股票,不能证明方正科技公司的违法行为与原告投资者的损失有因果关系。

原告投资者对于被告方正科技公司提供的四组证据的真实性、合法性无异议,但认为不能证明相关的证明内容,具体理由与诉称一致。

结合双方意见,本院对上述证据真实性、合法性予以认可,至于上述证据能否证明待证事实,本院将在下文详细阐述。

为准确获取原告投资者的交易记录,原被告向本院申请调查令,从中国证券登记结算有限责任公司调取了相关的交易记录。双方均认可该交易记录的真实性与权威性,并同意以调取的交易记录作为核定损失的依据,本院对此亦予以认可。

在审理中,经原被告共同申请,本院委托中证中小投资者服务中心(以下简称投服中心)对本案原告投资者的投资差额损失、是否存在证券市场系统风险及相应的扣除比例进行核定。投服中心于2019年2月14日出具《损失核定意见书》。《损失核定意见书》认为:"投资差额损失=(买入均价-卖出均价)×揭露日至基准日期间卖出股票数量+(买入均价-基准价)×基准日持有的股票数量。投资者被纳入损失核定的交易记录应从其第一笔有效买入起计,即以投资者在揭露日前最后一次证券余额为零

(账户卖空)后的第一笔买入作为第一笔有效买入。具体如下:(1)原告潘某某的普通证券账户在本案实施日2005年3月19日至揭露日2015年11月20日分别有一笔买入1000股的交易和一笔卖出1000股的交易,在本案揭露日前已清仓,该账户交易记录不参与损失计算;(2)原告潘某某信用账户自2015年4月15日起频繁买卖方正科技股票,并且分别于2015年4月30日和6月3日出现了方正科技证券余额为0的情况,故认定潘某某2015年6月4日买入1000股方正科技股票的行为是其第一笔有效买入,2015年6月4日至11月16日期间买卖方正科技股票的交易数据参与买入均价的计算,揭露日前证券余额为152,400股;(3)原告杨某某2015年5月14日买入1000股方正科技股票的行为是其第一笔有效买入,揭露日前证券余额为3800股;(4)原告卢某某2015年6月15日买入800股方正科技股票的行为是其第一笔有效买入,揭露日前证券余额为2100股;(5)原告蔡某某2015年7月21日买入600股方正科技股票的行为是其第一笔有效买入,揭露日前证券余额为50,000股。

《损失核定意见书》以两种方法计算投资者买入均价:一是实际成本法,自“第一笔有效买入”开始,买入股票的总成本减去其在此期间卖出该股票收回的资金,除以买入股数与卖出股数之差,计算股票买入均价。实际成本法的具体公式:买入均价 =(买入股票总成本 - 卖出股票总金额)÷(买入股数 - 卖出股数)。以实际成本法计算的损失结果是,(1)原告潘某某买入均价为8.53元,卖出均价为7.34元,揭露日到基准日期间卖出10,000股,其余持有至基准日,基准价为6.42元,投资差额损失为312,364元;(2)原告杨某某买入均价为12.71元,持有至基准日,投资差额损失23,902元;(3)原告卢某某买入均价为12.58元,持有至基准日,投资差额损失12,936元;(4)原告蔡某某买入均价为8.08元,持有至基准日,投资差额损失83,000元。二是移动加权平均法,自“第一笔有效买入”开始,每次买入股票后,以新买入的股票成本加上前次的持仓成本,除以本次买入的股票数量加上前次的持仓数,以该方法,每次新买入股票的交易影响并形成新的买入成本,每次卖出股票的交易只影响并减少持股数量,对持股的成本单价不产生影响,揭露日的持股成本客观上不受揭露日前卖出股票的影响。移动加权平均法的具体公式为,本次买入平均价 =(原有库存证券成本 + 本次购进价格 × 本次购进数量)÷(原有库存证券数量 + 本次购进数量)。以移动加权平均法计算的损失结果是:(1)原告潘某某买入均价为7.69元,卖出均价为7.34元,揭露日到基准日期间卖出10,000股,其余持有至基准日,基准价为6.42元,投资差额损失184,348元;(2)原告杨某某买入均价为12.71元,持有至基准日,投资差额损失23,902元;(3)原告卢某某买入均价为 12.58 元,持有至基准日,投资差额损失 12,936 元;(4)原告蔡某某买入均价为 8.08 元,持有至基准日,投资差额损失 83,000 元。《损失核定意见书》推荐在计算投资差额损失时采用移动加权平均法计算买入均价。

《损失核定意见书》以投资者持股考察区间内个股跌幅与上证综合指数、申万一级行业指数“计算机”(801750.SL),申万三级行业指数“计算机设备”(851021.SL)跌幅对比的方式确定证券市场系统风险的扣除比例。系统风险考察区间是投资者第一笔有效买入日到基准日前最后一笔卖出日或基准日,证券市场系统风险扣除比例 =(上证综合指数涨跌幅 + 计算机行业指数涨跌幅 + 计算机设备行业指数涨跌幅)÷3 ÷ 股票涨跌幅。计算结果:(1)原告潘某某至最后一笔卖出日止证券市场系统风险扣除比例 60.50%,至基准日止的证券市场系统风险扣除比例 62.23%;(2)原告杨某某证券市场系统风险扣除比例 46.08%;(3)原告卢某某证券市场系统风险扣除比例 65.38%;(4)原告蔡某某证券市场系统风险扣除比例 40.85%。

《损失核定意见书》以佣金比率 0.0003、印花税比率 0.001、银行同期存款利率 0.0035 计算税费和利息损失。扣除系统风险并计入税费损失后,核定投资者最终的赔偿金额是:(1)原告潘某某以实际成本法计算可获赔 118,583.37 元,以移动加权成本法计算可获赔 69,923.25 元;(2)原告杨某某两种方法计算可获赔均为 12,933.92 元;(3)原告卢某某两种方法计算可获赔均为 4,493.03 元;(4)原告蔡某某两种方法计算可获赔均为 49,237.51 元。

原被告双方均对《损失核定意见书》所采用的买入均价的计算方法及证券市场系统风险扣除比例提出异议,要求损失核定人员出庭接受质询,本院予以准许。庭审中,投服中心派损失核定人员唐某某、傅某某出庭,损失核定人员就《损失核定意见书》的计算方法、原理和逻辑进行详细说明,并接受原被告及法庭的询问。

原告认为:(1)以移动加权平均法计算买入均价过于烦琐,不适合中小投资者使用;(2)认定证券市场系统风险缺乏依据;(3)以第一笔有效买入日起算证券市场系统风险并不科学,没有考虑投资者的持股权重。被告方正科技公司认为:(1)揭露日前卖出的股票应根据先进先出原则全部予以冲抵。(2)以第一笔有效买入日起算证券市场系统风险没有考虑投资者不同交易时段的持股权重,有失公平。方正科技系列案件中大量投资者在早期以低价首次买入股票,又在 2015 年 5 月“牛市”期间以接近最高价 13 元左右大量买入,因此,投资者实际持仓成本很高,如果从第一笔有效买入日计算系统风险,显然无法将其受系统风险影响从高位下跌的部分剔除。(3)《损失核定意见书》

没有将揭露日前因系统风险造成的投资损失全部排除。原被告双方对《损失核定意见书》中计算投资者印花税、佣金和利息等损失的标准均无异议。

综合考虑原被告双方的质证意见,本院于庭审后再次委托投服中心,结合投资者持股权重情况就证券市场系统风险扣除比例予以重新核定。投服中心于2019年4月19日出具《损失核定补充意见书》,采用同步指数对比法,对本案证券市场系统风险扣除比例进行调整。具体方法:从投资者第一笔有效买入日起,以与个股买入均价、卖出均价及基准价格相同的计算方式,同步计算相应买入期间的指数均值、卖出期间的指数均值和揭露日到基准日期间的指数均值。指数均值的计算对应投资者交易记录,取投资者每笔交易当天的收盘指数和交易数量,以个股均价计算方式进行移动加权或加权。通过各交易期间的指数均值可以得出指数跌幅,将上证综合指数、申万一级行业指数和申万三级行业指数的跌幅一一计算后,获取指数平均跌幅。再将指数平均跌幅与个股跌幅进行对比。计算公式如下:

个股跌幅 =(个股买入均价 - 个股卖出均价或个股基准价)÷个股买入均价;指数跌幅 =(买入期间的指数均值 - 卖出期间的指数均值或揭露日到基准日期间的指数均值)÷买入期间的指数均值;指数平均跌幅 =(上证综合指数跌幅 + 申万一级指数跌幅 + 申万三级指数跌幅)÷3;证券市场系统风险扣除的比例 = 指数平均跌幅 ÷ 个股跌幅。

据此,《损失核定补充意见书》认定:(1)原告潘某某至卖出日期间上证综合指数、申万一级行业指数、申万三级行业指数均上涨,个股跌幅4.55%,不存在系统风险。原告潘某某至基准日期间上证综合指数下跌0.07%、申万一级行业指数上涨8.43%、申万三级行业指数上涨6.57%,个股跌幅16.51%,不存在系统风险。(2)原告卢某某持股期间,上证综合指数跌幅27.19%、申万一级行业指数跌幅28.05%、申万三级行业指数跌幅23.48%、指数平均跌幅26.24%、个股跌幅48.97%,系统风险扣除比例应为53.58%。(3)原告杨某某持股期间,上证综合指数跌幅25.29%、申万一级行业指数跌幅26.40%、申万三级行业指数跌幅20.11%、指数平均跌幅23.93%、个股跌幅49.49%,系统风险扣除比例应为48.35%。(4)原告蔡某某持股期间,上证综合指数跌幅11.98%、申万一级行业指数跌幅2.09%、申万三级行业指数跌幅0.06%、指数平均跌幅4.71%、个股跌幅20.54%,系统风险扣除比例应为22.93%。

《损失核定补充意见书》最终核定的投资者赔偿金额为:(1)原告潘某某投资差额损失184,348元,投资差额损失与印花税、佣金、利息损失合计应获赔偿金额184,968.2

元;(2)原告卢某某投资差额损失 6004.89 元,投资差额损失与印花税、佣金、利息损失合计应获赔偿金额 6024.45 元;(3)原告杨某某投资差额损失 12,345.38 元,投资差额损失与印花税、佣金、利息损失合计应获赔偿金额 12,389.41 元;(4)原告蔡某某投资差额损失 63,968.1 元,投资差额损失与印花税、佣金、利息损失合计应获赔偿金额 64,154.44 元。

原被告对《损失核定补充意见书》的质证意见如下:原告认为,《损失核定补充意见书》的计算方法相对更为精确,但也更为烦琐,投资者无法自行计算。被告方正科技公司认为,《损失核定补充意见书》采用的方法会导致部分投资者证券市场系统风险为零的情形,与实际不符,也与投服中心对系统风险的定性不符。被告认为,本案至少应当扣除 41.87% 的证券市场系统风险比例。

本院经审理查明:

1. 被告方正科技公司系在上海证券交易所上市的公司,其公开发行的股票代码为 600601。

2. 关于证监会的处罚决定。2017 年 5 月 5 日,证监会〔2017〕43 号《行政处罚决定书》对被告方正科技公司、方正集团、武汉国兴及其他相关责任人作出行政处罚:认为方正科技公司等具有信息披露违法违规行为。《行政处罚决定书》认定的违法事实有:(1)方正科技公司未按照规定披露关联交易。方正科技公司共有 28 家经销商。方正科技公司通过全资子公司深圳方正信息系统有限公司、上海新延中文化传播有限公司持有其中 23 家方正科技公司经销商股权。方正科技公司于 2003 年将前述股权全部转让。1998 年 5 月,方正集团为方正科技公司股东。2012 年 7 月经变更,方正集团为方正科技公司实际控制人。2003 年起,方正集团在人事任免、员工薪酬、资金审批、日常经营管理方面实际控制方正科技公司的经销商。根据《企业会计准则》的规定,方正科技公司与上述经销商因受方正集团控制而存在关联关系。2004 年至 2015 年 6 月 30 日,方正科技公司及并表子公司同各经销商之间发生关联交易金额分别为 43 亿余元、53 亿余元、51 亿余元、53 亿余元、40 亿余元、43 亿余元、43 亿余元、31 亿余元、24 亿余元、22 亿余元、17 亿余元、6 亿余元,占上一年度经审计净资产比例分别为 295%、325%、288%、294%、150%、153%、150%、76%、58%、51%、41%、17%。方正科技公司在各期年报及 2015 年半年报中未依法披露与经销商的重大关联交易事项。(2)方正集团、武汉国兴未披露持有方正科技股票事项。武汉国兴受方正集团控制并于 2010 年 5 月 4 日至 2014 年 10 月 21 日购入方正科技股票,成为方正科技公司股东,与方正集团互为一致行动人。方正集团未将其与武汉国兴的一致行动人关系告知方正科技公司，导致方正科技公司2010年至2013年年报披露存在重大遗漏。

3. 2005年3月19日，方正科技公司发布《2004年年度报告》。2015年11月20日，方正科技公司发布《关于收到中国证监会立案调查通知书的公告》，公告称："方正科技集团股份有限公司于2015年11月19日收到中国证券监督管理委员会《调查通知书》。因公司涉嫌信息披露违法违规，根据《证券法》的有关规定，证监会决定对公司立案调查。"据此，原被告双方确认，如果认定方正科技公司构成证券侵权、需要承担民事责任，本案虚假陈述实施日为2005年3月19日，揭露日为2015年11月20日，进一步根据《若干规定》计算出的基准日为2016年1月5日，基准价格为6.42元。

4. 原告投资者均在2005年3月19日至2015年11月20日买入方正科技股票，部分持有至2016年1月5日以后。相关交易记录以本院向中国证券登记结算公司调取的为准。

本院认为，《行政处罚决定书》中认定的信息披露违法违规行为有两项：一是方正科技公司未披露关联交易；二是方正集团、武汉国兴未披露持有方正科技股票事项，导致方正科技公司年报存在重大遗漏。这两项行为虽在一份《行政处罚决定书》中出现，但处罚的主体、事项、结果均不相同，属于相互独立的两项虚假陈述行为。本案原告投资者明确仅针对《行政处罚决定书》中方正科技公司未披露关联交易的行为提起民事赔偿，故本案仅审查方正科技公司未披露关联交易这一虚假陈述行为引发的民事赔偿。

根据双方的诉辩意见，本院归纳本案争议焦点为：第一，《行政处罚决定书》中列明的方正科技公司信息披露违法违规行为是否构成证券虚假陈述侵权行为，方正科技公司未披露关联交易的行为是否具有"重大性"，是否足以影响投资者的投资决策或市场交易价格。第二，若认定方正科技公司构成证券侵权行为，该虚假陈述行为与原告投资者买入方正科技股票是否存在交易上的因果关系。换言之，原告投资者买入方正科技股票是否受虚假陈述行为诱导所致。第三，若认定方正科技公司构成证券侵权行为，原告投资者的损失是否由方正科技公司的虚假陈述行为所造成，损失或部分损失是否由证券市场系统风险等其他因素所导致。第四，若方正科技公司应对证券侵权行为承担民事责任，应当如何确定投资者损失的赔偿金额，包括采用何种计算方法，以及如果存在证券市场系统风险等其他因素，应当如何确定其影响程度及相应的扣除金额。本院逐一分析如下。

第一，《行政处罚决定书》中列明的方正科技公司信息披露违法违规行为是否构成证券虚假陈述侵权行为,《行政处罚决定书》中认定的方正科技公司未披露关联交易的行为是否具有"重大性",是否足以影响投资者的投资决策或市场交易价格。

根据《行政处罚决定书》认定的事实,方正科技公司未披露关联交易的情形是,方正科技公司与其各经销商均被方正集团所控制,形成关联关系。2004年至2015年,方正科技公司通过上述关联经销商销售电子产品,年度交易金额达6亿~50亿余元,占上一年度净资产比例为17%~325%。方正科技公司自2004年度起的各期年报未依法披露与经销商的重大关联交易事项。

针对该争议焦点,原告投资者认为,方正科技公司自2004年起未披露总额高达数百亿元的关联交易,对投资者的决策影响巨大。法律之所以规定重大关联交易的强制披露,是因为一旦公司收益大量源于关联交易,就容易产生财务数据的操控、利润可能存在水分等问题,不能客观反映盈利水平,从而影响投资者的判断。10年来,方正科技公司随着其关联交易占净资产比例的下降,净利润也呈下降趋势,这也说明关联交易对公司财务数据造成了影响。

被告认为,方正科技公司未披露关联交易的主观原因是其并不知晓与经销商的关联关系,方正科技公司与经销商之间没有股权关系,方正科技公司的实际控制人方正集团未将其与经销商的控制关系告知方正科技公司,从而导致相关交易没有被作为关联交易披露,方正科技公司在主观上不存在诱导、欺诈的故意。客观上,方正科技公司与经销商之间的关联交易均系真实发生、价格公允的正常交易,从未虚增收入和利润,不影响财务数据。方正科技公司未披露关联交易的行为不会诱导投资者买入股票。

本院认为,根据《若干规定》,证券市场虚假陈述,是指信息披露义务人违反证券法律规定,在证券发行或者交易过程中,对重大事件作出违背事实真相的虚假记载、误导性陈述,或者在披露信息时发生重大遗漏、不正当披露信息的行为。在本案中,《行政处罚决定书》认定被告方正科技公司存在各期年报未披露关联交易的行为,符合上述定义中"在披露信息时发生重大遗漏、不正当披露信息"的情形。根据《若干规定》对证券虚假陈述行为的界定,人民法院在审查是否构成证券侵权时并不以上市公司在实施虚假陈述行为时存在欺诈、诱导等主观故意为必要条件,而审查的核心是未披露的信息是否属于"重大事件",判断的标准应当是"信息披露是否足以影响投资者的投资决策或市场交易价格",即如果该信息的披露将会实质性地影响投资者的交易决策或市场交易价格,那么该未披露信息的行为构成《若干规定》规定的虚假陈述侵权行为。

关于被告方正科技公司未披露关联交易的行为是否具有"重大性",是否足以影响投资者的投资决策或市场交易价格，本院具体分析如下：

首先，从未披露的关联交易的规模上来看，被告方正科技公司与其经销商之间长期存在关联交易，交易金额总额高达400多亿元，各年度关联交易金额占上一年度净资产比例超过或接近300%的有4年，超过150%的有3年，其他大部分年度也均在50%以上。方正科技公司在长达10年的时间里对上述大规模关联交易未进行披露。根据《公开发行证券的公司信息披露内容与格式准则第2号——年度报告的内容与格式(2003年修订)》(以下简称2003年《公司信息披露准则》)第46条以及其后修订的相应规定，公司应披露报告期内与某一关联方累计关联交易总额高于3000万元或占上市公司最近一期经审计净资产值5%以上或占本年度净利润的10%以上的关联交易事项，这属于“重大关联交易事项”的认定标准，而被告方正科技公司未依法披露的关联交易数量远超这一标准，并且反复进行、持续时间很长。对于关注该上市公司发展的投资者来说，如果知晓公司业绩大比例源于关联交易产生的收入，尽管关联交易不必然是负面的，但投资者依然会对其投资价值产生不同认识，影响股票市场交易价格，给投资者带来投资风险。

其次，从未披露的内容上来看，被告方正科技公司未依法披露的是与经销商之间购销商品的交易，该类交易是方正科技公司的主营业务，交易信息准确披露与否影响投资者对公司业绩与价值的判断。股票是一种特殊的金融商品，投资者对于股票价值的正确判断取决于能否及时准确地获取相关信息。根据2003年《公司信息披露准则》的规定，上市公司对于购销商品发生的关联交易，至少应披露的内容包括：关联交易方、交易内容、定价原则、交易价格、交易金额、占同类交易金额的比例、结算方式及关联交易事项对公司利润的影响；可以获得同类交易市场价格的，应披露市场参考价格，实际交易价格与市场参考价格差异较大的，应说明原因；公司还应对关联交易的必要性和持续性作出说明。可见，相关规定对上市公司购销类关联交易作出了详细披露的要求，因为在购销类关联交易中，交易价格、数量、结算方式等均为影响公司财务数据中各项指标的重要因素，也是中小投资者、债权人了解公司实际经营状况的重要信息。现实中，对于一家持续以重大关联交易为主营业务收入的上市公司，投资者在作出投资决策时必然会更加谨慎，而上述需要披露的详细信息就显得更为重要。在本案中，被告方正科技公司长期未披露关于关联交易的任何具体信息，客观上剥夺了投资者对公司经营业绩分析判断的机会。

再次，从会计程序上来看，重大关联交易的披露是公司财务数据客观真实反映经营状况的前提,未披露关联交易使公司财务数据失真存在可能。根据相关财务会计处理规定,上市公司与关联方之间的交易,如果没有确凿证据表明交易价格是公允的,对于显失公允的交易价格部分,一律不得确认为当期利润,应当作为资本公积处理,在"资本公积"科目下单独设置"关联交易差价"明细科目进行核算,这部分差价不得用于转增资本或弥补亏损。可见,上市公司所涉关联交易在会计处理上是有严格规定和另行处理方式的,而在会计处理之前,披露关联交易是第一步。被告方正科技公司辩称其与经销商之间的关联交易均以公平价格进行,该公司财务报表均为真实,对此,本院认为,未披露的信息是否实质造成了财务数据的失真并非判断虚假陈述行为构成侵权的必要条件,而考察的关键应当是,由于重大关联交易信息与财务数据间的密切关联,未披露该信息会不会实质影响投资者的投资决策或市场交易价格。在本案中,一方面,方正科技公司并未提供有力证据证明价格的公允性;另一方面,即便被告方正科技公司可以证明价格是公平的市场价格,但也无法排除存在公司控制人或管理层通过其他多种方式随意调整、转移当期利润,操作财务数据的可能性,从而无法消除投资者对公司面临潜在财务舞弊风险的顾虑,这种顾虑一旦形成,必然影响投资决策与市场交易价格。

最后,关于被告方正科技公司所称其未依法披露关联交易的原因是主观上不知晓控股股东与经销商的关联关系,对此,本院认为,客观事实表明,被告方正科技公司与其28 家经销商存在长期的交易往来,被告方正科技公司在 2003 年以前持有其中 23 家经销商的股权,2003 年以后,虽然上述股权被剥离,但方正科技公司与经销商仍然均受方正集团控制。被告方正科技公司的上述辩称,难以令人信服,本院不予采信。即使方正科技公司确实并非故意未披露关联交易,但根据《若干规定》的规定,方正科技公司属于在披露信息时发生重大遗漏的情形,仍需要承担证券虚假陈述民事责任。

综上所述,被告方正科技公司长达十年未披露金额巨大的关联交易信息,该信息可能对方正科技股票价格产生影响,并足以影响投资者的决策判断,证监会也对此进行了顶格处罚,因此,本院认定方正科技公司的信息披露违法违规行为具有"重大性",构成证券虚假陈述侵权行为。

第二,方正科技公司虚假陈述行为与原告投资者买入方正科技股票是否存在交易上的因果关系,即原告投资者买入方正科技股票是否受虚假陈述行为诱导所致。

原告投资者认为,根据《若干规定》的规定,只要在实施日到揭露日期间买入方正科技股票,并持有至揭露日以后卖出的投资者,都推定与虚假陈述行为存在交易因果关系。被告认为,大部分投资者买入方正科技股票是因为 2014 年下半年到 2015 年上半年的“牛市”及方正科技公司发布的一系列重大利好公告，方正科技公司虚假陈述行为持续了10年，但关联交易未披露主要集中在2004～2008年，2014年以后关联交易数量减少。原告投资者在前期一直没有买入，而在2014年下半年“牛市”启动之后才开始购入方正科技股票，应当认定投资者买入方正科技股票并非受到虚假陈述行为诱导。

本院认为，根据《若干规定》的规定，应推定在虚假陈述对市场产生影响的时段内进行相关股票交易的投资者，是基于对虚假陈述的信赖而进行的交易，与虚假陈述行为之间存在交易因果关系。虚假陈述行为对市场产生的诱导投资者买入的影响始于虚假陈述实施日，终于虚假陈述揭露日。由于方正科技公司未披露关联交易的行为从2004年到2015年一直持续，可以推定在此期间原告投资者基于对方正科技公司各期年度报告的信赖，而买入方正科技股票。被告方正科技公司认为原告投资者买入方正科技股票系因“牛市”和方正科技公司发布利好公告的影响，对此，本院认为，投资者买入被告公司股票可能出于多种原因，客观上无法区分原告投资者买入股票的具体动机是基于对虚假陈述的信赖，还是基于对市场行情的判断，抑或是对公司其他经营情况的综合考量。但无论如何，在此期间方正科技公司年度报告对其经营业绩的披露始终是影响投资者决策的重大因素。即便投资者确因市场行情而开始购入股票，但在众多股票中选择方正科技股票，仍然是因为信赖方正科技公司对外披露的公司信息。反之，如果当时方正科技公司如实披露关联交易事项，投资者的决策可能发生变化。因此，本院认为，本案中仍应适用《若干规定》确立的推定因果关系，认定在实施日到揭露日期间买入并一直持有方正科技股票的投资行为与虚假陈述行为之间存在交易因果关系。

第三，原告投资者的损失是否系由方正科技公司的虚假陈述行为造成，损失或部分损失是否系由证券市场系统风险等其他因素所导致。

原告认为，原告投资者的损失由被告方正科技公司的虚假陈述行为造成，本案不存在证券市场系统风险等其他因素。

被告认为，原告投资者的投资损失主要是由证券市场系统风险和方正科技公司自身经营情况恶化等其他因素叠加造成的。中国股市在2015年年中由“大牛转大熊”，2015年下半年经历了有史以来规模最大、涉及人数最多、损失最为惨重的“股灾”，揭露日至基准日，A股市场继续受“股灾”影响，又在2016年1月4日遭遇首次熔断。方正科技公司所处计算机设备板块，由于电子消费市场萎缩遭遇发展“瓶颈”，面临所在行业业绩普遍下滑的困境，这些市场系统风险因素造成方正科技股价继续下跌。方正科技公司自身业绩下滑也是重要因素，应酌情扣除。

本院认为,《若干规定》第 19 条规定,被告举证证明损失或者部分损失是由证券市场系统风险等其他因素所导致的,应当认定虚假陈述与损害结果之间不存在因果关系。根据该条文的规定,首先,虚假陈述行为的责任人仅对因虚假陈述行为造成的投资者损失承担赔偿责任。其次,如果被告有证据证明投资者损失的形成存在其他致损因素,这些因素对股价的波动具有相当的影响程度,且与虚假陈述行为无关,则应当认定这些因素导致的损失不属于虚假陈述行为人的赔偿责任范围。在证券市场上,个股的股价不仅取决于自身价值,同时也不断受到许多市场风险因素的影响,对于市场风险因素造成的损失,如果均由虚假陈述行为人承担,并不公平。在本案中,被告方正科技公司举证证明本案实施日到基准日期间 A 股市场出现整体的剧烈波动的情况,方正科技个股和大盘指数、行业指数、板块指数呈现同步下跌的走势。据此,本院认为,投资者因受此影响所造成的损失部分,应认定与虚假陈述行为没有因果关系,具体的影响比例应根据专业分析核定扣除。原告投资者认为,全部投资者的交易期间均未曾遭受证券市场系统风险等其他因素影响,与客观事实不符,本院不予采信。

至于被告方正科技公司所称投资者部分损失系因方正科技公司经营业绩下滑造成股价下跌所致,属于《若干规定》规定应予扣除的“其他因素”所致损失的情形,对此,本院认为,投资者损失系由虚假陈述行为以外的其他因素所导致的举证责任在于被告,方正科技公司经营业绩的下滑对股价是否产生影响、影响程度如何,被告方正科技公司均未提出合理理由和相关证据予以证明,因此,本院难以将方正科技公司业绩下滑的情况认定为造成投资者损失的“其他因素”。

第四,如何确定投资者损失的赔偿金额,包括采用何种计算方法,以及如何确定证券市场风险因素的影响程度及相应的扣除金额。

1. 损失计算方法的确定

《若干规定》规定,投资者的投资差额损失是以买入证券的平均价格与实际卖出证券的平均价格或基准价格之差,乘以投资者所持证券数量计算。在投资者有多笔买入卖出的情况下,买入均价或差额损失的计算方法有多种。本案原被告双方在计算方法上的意见不一。

原告投资者认为,应以实际成本法计算差额损失,具体方法:投资差额损失 = 实施日到揭露日之间的买入总成本(每一笔实际买入金额之和) - 实施日到基准日期间对应的卖出总金额(每一笔卖出金额之和),持有至基准日的股票,以基准价格卖出。原告认为该计算方法反映了投资者的实际损失,且计算方式简便易行。

被告方正科技公司认为,应以先进先出法 + 普通加权平均法作为买入均价的计算方法。根据先进先出原则将投资者揭露日前卖出的股票全部予以冲抵,将剩余的股票以普通加权的方法计算均价,即买入平均价 = 剩余股票买入总价 ÷ 揭露日持股数。被告认为,这种计算方法能够将在揭露日前卖出股票所产生的投资盈亏排除在外,符合《若干规定》的规定,计算结果更为合理。

本案损失核定专业机构投服中心在《损失核定意见书》中采用两种方法计算买入均价:一种是实际成本法;另一种是移动加权平均法。两种方法均以投资者第一笔有效买入起算。《损失核定意见书》推荐采用移动加权平均法作为本案计算方法。

本院认为,损失计算方法的选择关系到损失认定是否公平合理。实际成本法将投资者在实施日到基准日之间买进卖出个股的整体盈亏进行核算,其中扣除或叠加了投资者在揭露日前卖出股票的盈利或亏损,其计算结果与投资者操作水平密切相关,也容易受到股价走势的影响,难以客观反映投资者的实际持股成本,实践中往往会计算出畸高或畸低的买入均价,导致上市公司承担的损失过高或过低。该种计算方法有失公平合理,也不符合《若干规定》的精神,本院不予采纳。

被告方正科技公司主张的先进先出法 + 普通加权平均法和《损失核定意见书》中采用的第一笔有效买入后的移动加权平均法,摒弃了实际成本法上述的缺点。两者的区别在于对揭露日前所持股票成本的认定。被告坚持以先进先出的方法将买进卖出股票作一一对应的假设,以揭露日前余股的实际价格计算买入成本,《损失核定意见书》认为除非账户内该股票卖空,否则股票无法一一对应,只要投资者不再清空该股票,账户内买入股票的价格均应作为持股成本予以考虑。对此,本院认为,第一,《若干规定》第 19 条规定,在虚假陈述揭露日之前已经卖出证券的,人民法院应当认定虚假陈述与损害结果之间不存在因果关系。从这一条文的立法原意上来看,该条文推定认为揭露日前已经卖出股票的投资者没有受到虚假陈述行为的诱导而作出相反的决策,这里的"已经卖出"与《损失核定意见书》的账户卖空行为更为接近,只有投资者完全卖空个股,才能表明其决策没有受到虚假陈述的任何影响。第二,先进先出法是会计上的一种假设,实践中还存在后进先出法等其他不同的假设方法。第三,第一笔有效买入后的移动加权平均法对持股单价的计算更全面、客观,更能反映投资者真实的投资成本,被告主张的先进先出法往往导致持股成本的计算更接近揭露日前的股价,无法客观反映投资者的投资成本。

综上所述,本案采用《损失核定意见书》第一笔有效买入后的移动加权平均法作为投资者投资差额损失计算中买入均价的计算方法。

2. 证券市场风险因素扣除比例的认定

原告投资者认为,本案不存在证券市场系统风险,不应当予以扣除,如果必须要扣除相应的风险因素,应当统一酌情扣除不超过 10% 的比例。

被告方正科技公司认为,本案与《若干规定》规定的股价走势模型有所不同。在本案中,在虚假陈述揭露日之前,个股受到 2015 年股灾的影响,已有相当跌幅。因此,对证券市场系统风险的评判应当分段进行。具体方法:第一,由于虚假陈述行为尚未揭露,投资者在揭露日之前的损失 100% 由系统风险造成,被告方正科技公司对这部分损失不承担赔偿责任。第二,揭露日之后,投资者的损失系由方正科技公司虚假陈述行为揭露以及证券市场系统风险和其他行业、个股经营风险叠加造成,应当扣除不属于虚假陈述行为影响的部分。第三,以如下方法确定揭露日以后受证券市场系统风险的比例:在本案揭露日至基准日期间,上证指数下跌 9.11%,申万一级行业指数下跌 10.89%,申万三级行业指数下跌 11.65%,方正科技下跌 25.20%,因此,本案揭露日至基准日期间系统风险对原告投资损失的影响比例为(9.11% + 10.89% + 11.65%) ÷ 3 ÷ 25.20% = 41.87%。第四,以揭露日为基点分段扣除系统风险后投资差额损失的计算公式如下:扣除系统风险后投资差额损失 = 揭露日至基准日间卖出股票差额损失 × 揭露日至基准日期间的区间扣减权重 ×(1 - 揭露日到揭露日至基准日期间可索赔股数最后一笔卖出日期间的系统风险) + 基准日之后卖出或持有股票差额损失 × 揭露日至基准日期间的区间扣减权重 ×(1 - 揭露日到基准日期间的系统风险)。具体而言,原告潘某某揭露日前未受系统风险影响,揭露日至基准日的系统风险影响比例为 41.87%;原告杨某某受综合系统风险影响比例为 84.40%;原告卢某某受综合系统风险影响比例为 84.11%;原告蔡某某受综合系统风险影响比例为 54.92%。以原告杨某某的交易记录为例,以先进先出法 + 普通加权平均法计算杨某某的平均买入价为 12.72 元,高于本案揭露日前一交易日方正科技的收盘价 7.54 元,揭露日前系统风险区间的扣减权重为(12.72 - 7.54) ÷ (12.72 - 5.64) × 100% = 73.16%,揭露日后系统风险区间的扣减权重为(7.54 - 5.64) ÷ (12.72 - 5.64) × 100% = 26.84%。揭露日前一交易日至基准日的系统风险占比为 41.87%,故杨某某案的综合系统风险为 73.16% × 100% + 26.84% × 41.87% = 84.40%。

《损失核定补充意见书》中选用的市场风险比例认定方法是以《若干规定》规定的损失计算公式为基础,结合每个投资者的具体持股期间,将个股跌幅与大盘、行业指数的跌幅进行同步对比,用相对比例的方法确定每个投资者因市场风险因素对其股价跌幅的具体影响程度。

本院认为,证券市场风险影响比例的确定是公平合理认定虚假陈述责任人承担赔偿损失范围的重要步骤。在实践中虽然无法绝对精准地还原股价下跌的成因及其影响力,但市场风险扣除比例的确定也应当做到相对客观、精确。原告投资者主张的酌情统一扣除一定比例的方法,未考虑不同投资者实际交易时段的市场波动的具体情况,缺乏合理性,本院不予采纳。被告方正科技公司提出分段扣除法,主张揭露日前投资者的损失均与方正科技公司的虚假陈述行为无关,本院亦不予采纳。首先,该方法人为地将投资者损失的形成进行分段考察,与《若干规定》的规定不符。《若干规定》认定的投资者损失产生的过程是投资者在虚假陈述揭露日前高价买入股票,又在虚假陈述行为被揭露后股价泡沫破灭、投资者卖出股票或一直持有而形成的亏损。法律认定的投资者损失是揭露日前后的投资差额损失,并未将投资者的损失切割成揭露日前的损失和揭露日后的损失。按照被告的观点,只要投资者买入均价高于揭露日前一天的收盘价,所有投资者的损失均是从揭露日起算,根本不需要运用买入均价,等于改变了《若干规定》规定的计算原则,投资者因为虚假陈述行为高价买入股票的损失无法体现在赔偿中。其次,被告所称投资者在揭露日前产生的损失与虚假陈述行为完全没有因果关系的说法也是不成立的。在揭露日之前,虚假陈述行为人诱导投资者高价买入股票,使其存在于风险之中。同时,由于方正科技公司的虚假陈述行为持续进行,投资者基于对该公司良好状况的信赖,一直持有股票,在此期间尽管股价受市场影响已经出现下跌,但由于虚假陈述的诱导效应依然存在,投资者有理由选择不卖出股票。最后,《若干规定》认定投资者在揭露日之前已经卖出股票的,其买卖股票的投资差价损失与虚假陈述行为没有因果关系。可见,法律已经考虑投资者在揭露日前产生实际交易损失的情况,并已将这种情形列为与虚假陈述行为无关的损失,从而排除在索赔范围之外。而对于实际差价损失最终产生在揭露日以后的,仍应全盘考虑损失因果关系。综上所述,本院不予采纳被告方正科技公司提出的分段计算系统风险的方法,本院认为,证券市场风险的考察区间应当覆盖至投资者的整个持股期间,揭露日前所受市场风险的影响应与揭露日后所受的影响一并考虑。

本院认为,《损失核定补充意见书》采用个股均价与同期指数均值进行同步对比的方法,较为客观合理。理由如下:第一,该方法针对每一个投资者的不同交易记录分别判断证券市场风险的影响,体现差异性,也涵盖了投资者的整个持股区间,更为公平全面。同步指数对比法主要比对的是个股跌幅和指数跌幅,而两个跌幅的计算取决于投资者买入卖出的时间点、个股单价和相应的指数情况。投资者经历的市场风险越大,相应的扣除比例就越高,也有投资者不需要扣除市场风险。第二,该方法选用了“3 + X”指数作为市场风险对比的指数,该指数包括上证综指、申万一级行业指数和申万三级行业指数,既考虑了大盘的影响,又比对了同行业以及与个股最密切相关行业的影响,在市场风险影响程度的判定上更严谨。第三,同步指数对比法将个股的买卖情况与同期指数变动作紧密贴合的比对,分别计算出个股第一笔有效买入日后的买入期间内、卖出期间内或者揭露日至基准日期间相对应的指数均值,并在指数均值计算方法上,将不同交易时点的股票交易数量纳入考量因素。也就是说,在计算投资差额损失及个股跌幅的同时,以买入期间的指数均值与卖出期间的指数均值或者揭露日至基准日期间的指数均值之间的差值,计算出市场相关指数的跌幅程度,从而更加客观、精准地反映每个投资者在不同持股期间,因市场风险因素对股价的具体影响程度。第四,经过反复验证,同步指数对比法确定的市场风险比例的结果与投资者的真实损失情况更接近。例如,在本案中,原告卢某某买入均价为 12.58 元,接近方正科技股价的最高点 13 元,原告将股票持有至基准日后,经历了大盘高位下挫的过程,经计算其受市场风险影响的比例为 53.58%。原告潘某某买入均价为 7.69 元,该价格接近揭露日时的股票价格 7.34 元,原告潘某某并未经历前期大盘的高位下挫,持有后股价一直相对平稳,法律推定其大部分股票按照基准价格 6.42 元卖出,最终计算出其并未受到市场风险的影响。综上,本院认为,《损失核定补充意见书》采用同步指数对比法扣除市场风险相对精确、覆盖面广、现实可行,本院予以采纳。

综上所述,被告方正科技公司重大关联交易未披露的行为,构成证券侵权,应当承担民事赔偿责任。本院依法认定方正科技公司虚假陈述的实施日为 2005 年 3 月 19 日,揭露日为 2015 年 11 月 20 日,基准日为 2016 年 1 月 5 日。投资者在实施日到揭露日买入股票并持有至揭露日最终受到损失的,应推定与虚假陈述行为存在因果关系,可以获得赔偿。本案部分投资者的损失或部分损失系受证券市场风险因素所致,应予扣除。本院采纳投服中心《损失核定意见书》中以第一笔有效买入后的移动加权平均法计算买入均价和投资差额的意见。本院采纳《损失核定补充意见书》中将个股均价与同期指数均值进行同步对比的方法扣除证券市场风险因素的意见。至于原告投资者主张的佣金、印花税和利息损失,原被告对于《损失核定意见书》采用的计算标准均无异议,《损失核定补充意见书》沿用了相同标准,本院亦予以认可。本院认定原告投资者最终应获得的赔偿金额为《损失核定补充意见书》中核定的原告投资者在扣除证券市场风险因素后的投资差额损失与佣金、印花税、利息损失之和。依照2014年《证券法》第69条、《若干规定》第17条、第18条、第19条、第20条、第30条、第31条、第32条、第33条之规定,判决如下:

一、被告方正科技公司应于本判决生效之日起十日内向原告卢某某支付赔偿款人民币6024.45元;

二、被告方正科技公司应于本判决生效之日起十日内向原告杨某某支付赔偿款人民币12,389.41元;

三、被告方正科技公司应于本判决生效之日起十日内向原告蔡某某支付赔偿款人民币64,154.44元;

四、被告方正科技公司应于本判决生效之日起十日内向原告潘某某支付赔偿款人民币184,968.2元。

如未按照本判决指定的期间履行金钱给付义务,应当按照《民事诉讼法》第253条之规定,加倍支付迟延履行期间的债务利息。

本案案件受理费,每位原告单独计算如下:(1)原告卢某某涉及受理费人民币124.65元,由原告卢某某负担人民币66.82元,由被告方正科技公司负担人民币57.83元;(2)原告杨某某涉及受理费人民币399.75元,由原告杨某某负担人民币193.3元,由被告方正科技公司负担人民币206.45元;(3)原告蔡某某涉及受理费人民币1891.68元,由原告蔡某某负担人民币441.18元,由被告方正科技公司负担人民币1450.50元;(4)原告潘某某涉及受理费人民币5756.08元,由原告潘某某负担人民币2172.13元,由被告方正科技公司负担人民币3583.95元。

如不服本判决,可在判决书送达之日起15日内,向本院递交上诉状,并按对方当事人的人数提出副本,上诉于上海市高级人民法院。

审　判　长　林晓镍
审　判　员　单素华
审　判　员　朱颖琦
二〇一九年五月五日
法官助理　黄佩蕾、李瑶菲
书　记　员　印　铭

上海市高级人民法院民事判决书

(2019)沪民终263号

上诉人(一审被告):方正科技集团股份有限公司。

法定代表人:刘某,董事长。

委托诉讼代理人:张保生,北京市中伦律师事务所律师。

委托诉讼代理人:朱媛媛,北京市中伦律师事务所律师。

被上诉人(一审原告):卢某某,男。

被上诉人(一审原告):杨某某,男。

被上诉人(一审原告):蔡某某,男。

被上诉人(一审原告):潘某某,女。

以上四名被上诉人委托诉讼代理人:吴立骏,上海市东方剑桥律师事务所律师。

上诉人方正科技集团股份有限公司(以下简称方正科技公司)因与被上诉人卢某某、杨某某、蔡某某、潘某某证券虚假陈述责任纠纷一案,不服上海金融法院(2018)沪74民初330号民事判决,向本院提出上诉。本院于2019年5月24日立案后,依法组成合议庭,公开开庭进行了审理。上诉人方正科技公司委托诉讼代理人朱媛媛、四名被上诉人委托诉讼代理人吴立骏到庭参加诉讼。本案现已审理终结。

方正科技公司上诉请求:撤销上海金融法院(2018)沪74民初330号民事判决,改判驳回四名被上诉人的全部诉讼请求。本案一审、二审的全部诉讼费用应由四名被上诉人承担。事实和理由:(1)四名被上诉人买入方正科技股票与方正科技公司的虚假陈述行为之间不存在交易上的因果关系。本案的虚假陈述行为是未披露关联交易,实施日早在2005年3月19日,此后持续了长达10年,关联交易的金额占比呈逐年下降趋势。在这10年的时间里,四名被上诉人从未买入过方正科技股票,直至2015年4月到7月才开始买入。方正科技公司在一审中已经提交了大量、充分的证据予以证明。因此,四名被上诉人的投资决策已经"有高度可能性"是受2015年上半年A股"大牛市"和方正科技公司发布的利好公告的影响,而与案涉虚假陈述行为之间没有交易因果关系。(2)一审判决采用"第一笔有效买入后的移动加权平均法"(以投资者在揭露日前最后一次证券余额为零后的第一笔买入作为第一笔有效买入)作为买入均价的计算方法,不符合《最高人民法院关于审理证券市场因虚假陈述引发的民事赔偿案件的若干规定》(以下简称《若干规定》)的规定。投资者在虚假陈述揭露日前已经卖出的证券,并未受到虚假陈述被揭露的影响,由此造成的投资损失与虚假陈述行为之间不具有损失因果关系。因此,在揭露日前已经卖出的证券,不仅其卖出的损失或盈利不应计入买入均价,其实际买入成本也不应计入买入均价。本案买入均价的计算方法应采用"先进先出加权平均法",即将投资者在实施日至揭露日期间依先后顺序卖出的股票抵消了投资者在该期间依先后顺序买入的股票,确定了可索赔股数的范围后,再以可索赔股数的实际买入价加权平均计算买入均价。(3)一审判决已经明确认定本案确实存在证券市场系统风险这一客观事实。在这一前提下,证券市场系统风险必然会对个股产生影响。如果一概采用"同步指数对比法"计算系统风险对投资者损失的影响比例,将导致有些案件出现投资者损失"未受系统风险影响"的情形(如本案投资者潘某某)。因此,即使采用同步指数对比法,也应合理确定证券市场系统风险的最低扣除比例,具体可根据揭露日与基准日之间上证指数、申万一级行业指数、申万三级行业指数的平均跌幅与方正科技股价平均跌幅的比例,确定最低扣除比例为41.87%。(4)一审判决关于影响股价的非证券市场系统风险的其他因素(以下简称非系统风险)认定不当。上诉人已经举证证明揭露日到基准日方正科技公司存在业绩下滑、销售状况不利、库存大量增加、债务压顶、发债受挫等非系统风险。在一审庭审中,中证中小投资者服务中心(以下简称投服中心)的损失核定人并未否定本案存在非系统风险,只是表示由于相关期间股市存在异常波动,故无法进行计算。一审法院以无法定量计算为由直接认定本案不存在非系统风险,存在明显错误。

被上诉人卢某某、杨某某、蔡某某、潘某某辩称,一审判决结果有效维护了中小投资者的权益,上诉人的上诉理由不能成立。(1)关于交易因果关系的问题,根据《若干规定》,只要投资者在实施日到揭露日期间买入方正科技股票,并持有至揭露日,都推定与虚假陈述行为之间存在交易因果关系。本案投资者的交易行为均符合司法解释的上述规定。(2)关于投资者的投资差额损失计算,目前各种损失计算方法各有优劣,且对投资者维权的影响巨大。被上诉人主张采用的"实际成本法"反映了投资者的实际损失且简便易行,而一审法院采用的移动加权平均法也有其合理性,但法院对各种计算方法应予以统一。(3)关于证券市场系统风险的问题,我国目前没有一个机构可以鉴定系统风险是否存在及其影响比例是多少。被上诉人认为本案中不存在证券市场系统风险,但同时也认可一审法院采用的证券市场系统风险扣除方法还是相对公允的。(4)关于非系统风险因素的问题,在证券市场系统风险尚未界定明确的情况下,非系统风险更难以确定。上诉人也未说明非系统风险是什么,更没有相关法律依据和事实依据,本案中对非系统风险不应予以考虑。

二审中,当事人没有提交新证据。双方对一审认定的事实没有异议,本院予以确认。

被上诉人卢某某向一审法院提出诉讼请求:(1)请求判令方正科技公司向其赔偿人民币12,986元(以下币种均为人民币),其中包含印花税、佣金和利息损失;(2)请求判令诉讼费用由方正科技公司承担。

被上诉人杨某某向一审法院提出诉讼请求:(1)请求判令方正科技公司向其赔偿23,990元,其中包含印花税、佣金和利息损失;(2)请求判令诉讼费用由方正科技公司承担。

被上诉人蔡某某向一审法院提出诉讼请求:(1)请求判令方正科技公司向其赔偿83,667元,其中包含印花税、佣金和利息损失;(2)请求判令诉讼费用由方正科技公司承担。

被上诉人潘某某向一审法院提出诉讼请求:(1)请求判令方正科技公司向其赔偿297,072元,其中包含印花税、佣金和利息损失;(2)请求判令诉讼费用由方正科技公司承担。

一审法院认定以下事实:

1.方正科技公司系在上海证券交易所上市的公司,其公开发行的股票代码为600601。

2.2017年5月5日,证监会〔2017〕43号《行政处罚决定书》对方正科技公司、北大方正集团有限公司(以下简称方正集团)、武汉国兴科技发展有限公司(以下简称武汉国兴)及其他相关责任人作出行政处罚,认为方正科技公司等具有信息披露违法行为。〔2017〕43号《行政处罚决定书》认定的违法事实有:(1)方正科技公司未按照规定披露关联交易。方正科技公司共有28家经销商。方正科技公司通过全资子公司深圳方正信息系统有限公司、上海新延中文化传播有限公司持有其中23家方正科技公司经销商股权。方正科技公司于2003年将前述股权全部转让。1998年5月,方正集团为方正科技公司股东。2012年7月经变更,方正集团为方正科技公司实际控制人。2003年起,方正集团在人事任免、员工薪酬、资金审批、日常经营管理方面实际控制方正科技公司的经销商。根据《企业会计准则》的规定,方正科技公司与上述经销商因受方正集团控制而存在关联关系。2004年至2015年6月30日,方正科技公司及并表子公司同各经销商之间发生关联交易金额分别为43亿余元、53亿余元、51亿余元、53亿余元、40亿余元、43亿余元、43亿余元、31亿余元、24亿余元、22亿余元、17亿余元、6亿余元，占上一年度经审计净资产比例分别为295%、325%、288%、294%、150%、153%、150%、76%、58%、51%、41%、17%。方正科技公司在各期年报及2015年半年报中未依法披露与经销商的重大关联交易事项。(2)方正集团、武汉国兴未披露持有方正科技股票事项。武汉国兴受方正集团控制并于2010年5月4日至2014年10月21日购入方正科技股票，成为方正科技公司股东，与方正集团互为一致行动人。方正集团未将其与武汉国兴的一致行动人关系告知方正科技公司，导致方正科技公司2010年至2013年年报披露存在重大遗漏。

3. 2005年3月19日，方正科技公司发布《2004年年度报告》。2015年11月20日，方正科技公司发布《关于收到中国证监会立案调查通知书的公告》，公告称："方正科技集团股份有限公司于2015年11月19日收到中国证券监督管理委员会《调查通知书》。因公司涉嫌信息披露违法违规，根据《证券法》的有关规定，证监会决定对公司立案调查。"据此，双方当事人确认，如果认定方正科技公司构成证券侵权、需要承担民事责任，本案虚假陈述实施日为2005年3月19日，揭露日为2015年11月20日，进一步根据《若干规定》计算出的基准日为2016年1月5日，基准价格为6.42元。

4. 四名被上诉人均在2005年3月19日至2015年11月20日期间买入方正科技股票，部分持有至2016年1月5日以后。相关交易记录以一审法院向中国证券登记结算公司调取的为准。

本案系一审法院在投资者诉方正科技公司证券虚假陈述责任纠纷系列案件中选定的示范案件。一审期间，经双方当事人共同申请，法院委托投服中心对本案投资者的投资差额损失、是否存在证券市场系统风险及相应的扣除比例进行核定。投服中心于2019年2月14日出具(20190001号)《损失核定意见书》，于2019年4月19日出具《损失核定补充意见书》，就上述问题出具了专业意见。

在投资差额损失核定中，《损失核定意见书》以两种方法计算投资者买入均价：一是实际成本法，即自"第一笔有效买入"开始，买入股票的总成本减去其在此期间卖出该股票收回的资金，除以买入股数与卖出股数之差，计算股票买入均价。实际成本法的具体公式：买入均价 =（买入股票总成本 - 卖出股票总金额）÷（买入股数 - 卖出股数）。以实际成本法计算的损失结果：(1)潘某某买入均价为8.53元，投资差额损失为312,364元；(2)杨某某买入均价为12.71元，投资差额损失为23,902元；(3)卢某某买入均价为 12.58 元,投资差额损失 12,936 元;(4)蔡某某买入均价为 8.08 元,投资差额损失 83,000 元。二是"移动加权平均法",自"第一笔有效买入"开始,每次买入股票后,以新买入的股票成本加上前次的持仓成本,除以本次买入的股票数量加上前次的持仓数,以该方法,每次新买入股票的交易影响并形成新的买入成本,每次卖出股票的交易只影响并减少持股数量,对持股的成本单价不产生影响,揭露日的持股成本客观上不受揭露日前卖出股票的影响。具体计算公式:本次买入平均价 = (原有库存证券成本 + 本次购进价格 × 本次购进数量) ÷ (原有库存证券数量 + 本次购进数量)。以移动加权平均法计算的损失结果:(1)潘某某买入均价为 7.69 元,投资差额损失 184,348 元;(2)杨某某买入均价为 12.71 元,投资差额损失 23,902 元;(3)卢某某买入均价为 12.58 元,投资差额损失 12,936 元;(4)蔡某某买入均价为 8.08 元,投资差额损失 83,000 元。《损失核定意见书》推荐在计算投资差额损失时采用移动加权平均法计算买入均价。

在证券市场系统风险比例核定中,《补充损失核定意见书》中采用"同步指数对比法",即从投资者第一笔有效买入日起,假设投资者买卖方正科技股票时,同时买入卖出相同数量的指数,每一笔交易都同步对应指数的买入卖出,指数的价格取交易当日的收盘指数。揭露日后卖出或持有股票的,假设也同步卖出或持有相应的指数。将每个投资者持股期间的个股跌幅与参考指数(上证综合指数、申万一级行业指数和申万三级行业指数)的平均跌幅进行对比,用相对比例法扣除系统风险的影响。具体计算方法为,个股跌幅 = (个股买入均价 - 个股卖出均价或个股基准价) ÷ 个股买入均价;指数跌幅 = (买入期间的指数均值 - 卖出期间的指数均值或揭露日到基准日期间的指数均值) ÷ 买入期间的指数均值;指数平均跌幅 = (上证综合指数跌幅 + 申万一级指数跌幅 + 申万三级指数跌幅) ÷ 3;证券市场系统风险扣除比例 = 指数平均跌幅 ÷ 个股跌幅。据此,《损失核定补充意见书》认定:(1)潘某某的系统风险扣除比例应为零;(2)卢某某的系统风险扣除比例应为 53.58%;(3)杨某某的系统风险扣除比例应为 48.35%;(4)蔡某某的系统风险扣除比例应为 22.93%。

《损失核定补充意见书》最终核定的投资者赔偿金额为:(1)潘某某投资差额损失 184,348 元,投资差额损失与印花税、佣金、利息损失合计应获赔偿金额 184,968.2 元;(2)卢某某投资差额损失 6004.89 元,投资差额损失与印花税、佣金、利息损失合计应获赔偿金额 6024.45 元;(3)杨某某投资差额损失 12,345.38 元,投资差额损失与印花税、佣金、利息损失合计应获赔偿金额 12,389.41 元;(4)蔡某某投资差额损失 63,968.1

元,投资差额损失与印花税、佣金、利息损失合计应获赔偿金额 64,154.44 元。

一审法院认为,〔2017〕43 号《行政处罚决定书》中认定的信息披露违法违规行为有两项,但本案投资者明确仅针对其中方正科技公司未披露关联交易的行为提起民事赔偿。一审中双方当事人的争议焦点为:(1)方正科技公司信息披露违法违规行为是否构成证券虚假陈述侵权行为,是否足以影响投资者的投资决策或市场交易价格;(2)若认定方正科技公司构成证券侵权行为,该虚假陈述行为与本案投资者买入方正科技股票是否存在交易上的因果关系;(3)若认定方正科技公司构成证券侵权行为,投资者的损失是否系由方正科技公司的虚假陈述行为造成,损失或部分损失是否系由证券市场系统风险等其他因素所导致;(4)若方正科技公司应对证券侵权行为承担民事责任,应当如何确定投资者损失的赔偿金额。

关于上述第一个争议焦点,一审法院认为,案涉〔2017〕43 号《行政处罚决定书》认定方正科技公司存在各期年报未披露关联交易的行为,符合《若干规定》对证券虚假陈述行为的界定。从未披露的关联交易的规模上来看,方正科技公司与其经销商之间长期存在关联交易,交易金额总额高达 400 多亿元。从未披露的内容上来看,方正科技公司未依法披露的是与经销商之间购销商品的交易,该类交易是方正科技公司的主营业务。从会计程序上看,上市公司与关联方之间的交易,如果没有确凿证据表明交易价格是公允的,对于显失公允的交易价格部分,一律不得确认为当期利润,应当作为资本公积处理。另外,方正科技公司亦无证据证明其主观上不知晓控股股东与经销商之间的关联关系。据此,一审法院认定方正科技公司的信息披露违法违规行为具有“重大性”,构成证券虚假陈述侵权行为。

关于上述第二个争议焦点,一审法院认为,由于方正科技公司未披露关联交易的行为从 2004 年到 2015 年一直持续,可以推定在此期间本案投资者基于对方正科技公司各期年度报告的信赖,而买入方正科技股票。投资者买入系争股票可能出于多种原因,客观上无法区分本案投资者买入股票的具体动机是基于对虚假陈述的信赖,还是基于对市场行情或公司其他经营情况的综合考量。但无论如何,在此期间方正科技公司年度报告对其经营业绩的披露始终是影响投资者决策的重大因素。因此,本案中仍应适用《若干规定》确立的推定因果关系,认定在实施日到揭露日期间买入并一直持有方正科技股票的投资行为与虚假陈述行为之间存在交易因果关系。

关于上述第三个争议焦点,一审法院认为,本案中方正科技公司举证证明本案实施日到基准日期间 A 股市场出现整体的剧烈波动的情况,方正科技个股和大盘指数、行业指数、板块指数呈现同步下跌的走势。因此,投资者因受此影响所造成的损失部分,应认定与虚假陈述行为没有因果关系,具体的影响比例应根据专业分析核定扣除。至于方正科技公司所称投资者部分损失系因方正科技公司经营业绩下滑造成股价下跌所致,属于《若干规定》规定应予扣除的"其他因素"所致损失的情形。对此,一审法院认为,方正科技公司经营业绩的下滑对股价是否产生影响、影响程度如何,方正科技公司均未提出合理理由和相关证据予以证明,因此,难以将方正科技公司业绩下滑的情况认定为造成投资者损失的"其他因素"。

关于上述第四个争议焦点,一审法院认为,本案投资者主张的"实际成本法"将投资者在实施日到基准日之间买进卖出个股的整体盈亏进行核算,其中扣除或叠加了投资者在揭露日前卖出股票的盈利或亏损,其计算结果与投资者操作水平密切相关,也容易受到股价走势的影响,难以客观反映投资者的实际持股成本,故不予采纳。方正科技公司主张的"先进先出法+普通加权平均法"以先进先出的方法将买进卖出股票作一一对应的假设,而先进先出法是会计上的一种假设,实践中还存在后进先出法等其他不同的假设方法,且该计算方法往往导致持股成本的计算更接近揭露日前的股价,无法客观反映投资者的投资成本。投服中心出具的《损失核定意见书》中推荐的"第一笔有效买入后的移动加权平均法",符合《若干规定》第19条的立法原意,对持股单价的计算更全面、客观,更能反映投资者真实的投资成本。据此,一审法院采用《损失核定意见书》中"第一笔有效买入后的移动加权平均法"作为投资者投资差额损失计算中买入均价的计算方法。

关于证券市场系统风险因素的扣除比例,一审法院认为,本案投资者主张的酌情统一扣除一定比例的方法,未考虑不同投资者实际交易时段的市场波动的具体情况,缺乏合理性,故不予采纳。方正科技公司提出分段扣除法,主张揭露日前投资者的损失均与方正科技公司的虚假陈述行为无关,人为地将投资者损失的形成进行分段考察,与《若干规定》的规定不符,亦不予采纳。《损失核定补充意见书》采用个股均价与同期指数均值进行同步对比的方法,针对每一个投资者的不同交易记录分别判断证券市场风险的影响,体现差异性,涵盖了投资者的整个持股区间,并将不同交易时点的股票交易数量纳入考量因素,从而更加客观、精准地反映出每个投资者在不同持股期间的市场风险因素影响程度。经过反复验证,"同步指数对比法"确定的市场风险比例的结果与投资者的真实损失情况更为接近。据此,一审法院采纳《损失核定补充意见书》中的"同步指数对比法"扣除证券市场系统风险比例。

综上,一审法院判决:(1)方正科技公司应于本判决生效之日起十日内向卢某某支付赔偿款6024.45元;(2)方正科技公司应于本判决生效之日起十日内向杨某某支付赔偿款12,389.41元;(3)方正科技公司应于本判决生效之日起十日内向蔡某某支付赔偿款64,154.44元;(4)方正科技公司应于本判决生效之日起十日内向潘某某支付赔偿款184,968.2元。一审法院按每位投资者对案件受理费承担数额单独计算如下:卢某某涉及受理费124.65元,由卢某某负担66.82元,由方正科技公司负担57.83元;杨某某涉及受理费399.75元,由杨某某负担193.3元,由方正科技公司负担206.45元;蔡某某涉及受理费1891.68元,由蔡某某负担441.18元,由方正科技公司负担1450.50元;潘某某涉及受理费5756.08元,由潘某某负担2172.13元,由方正科技公司负担3583.95元。

在二审庭审中,本院通知投服中心指派损失核定人员唐某某、傅某某出庭。损失核定人员就《损失核定意见书》及《损失核定补充意见书》的计算方法、原理和逻辑进行详细说明,并接受上诉人、被上诉人及法庭的询问。

本院认为,本案在二审阶段存在4个争议焦点:(1)四名被上诉人买入方正科技股票的行为与方正科技公司的虚假陈述行为之间是否具有交易上的因果关系;(2)四名被上诉人的投资差额损失计算中,应以何种方法确定系争股票的买入均价;(3)在本案中,证券市场系统风险因素应如何计算;(4)本案损失计算中,是否需要扣除证券市场系统风险以外的其他因素。

1.关于本案投资者买入方正科技股票的行为与方正科技公司的虚假陈述行为之间是否具有交易上的因果关系

本案投资者买入方正科技股票的行为与方正科技公司的虚假陈述行为之间是否存在交易上的因果关系,即投资者是否系受到虚假陈述的影响而买入方正科技股票。对此,方正科技公司认为,被上诉人是在实施日10年后的2015年4月到7月才开始买入股票的,有“高度可能性”是受到2015年年中“大牛市”及方正科技公司一系列利好消息的影响,而非受到10年前虚假陈述行为的影响。一审判决以“客观上无法区分本案投资者买入股票的具体动机”为由未采纳方正科技公司的抗辩理由,超出了民事诉讼“高度盖然性”的证明标准。被上诉人认为,根据《若干规定》,只要投资者在实施日到揭露日期间买入方正科技股票,并持有至揭露日,都推定与虚假陈述行为之间存在交易上的因果关系。

本院认为:(1)根据《若干规定》第18条的规定,应推定投资人在虚假陈述实施日及以后,至揭露日或者更正日之前买入与虚假陈述直接关联的证券的行为均受到了虚假陈述的诱导。本案四名被上诉人买入方正科技股票的时间均在《若干规定》确定的范围之内,应推定买入行为与虚假陈述之间存在交易上的因果关系。(2)就上诉人所称本案虚假陈述实施日与证券买入时间相隔甚远的问题,本院注意到,本案虚假陈述行为是方正科技公司在每年的年报中未披露关联交易,该虚假陈述行为从2004年一直持续到2015年,本案投资者买入方正科技股票的时间多在2015年期间,此时虚假陈述行为仍对方正科技股票交易价格发生影响。(3)上诉人称四名被上诉人买入系争证券可能受到多种因素影响,对此本院认为,证券市场中影响股票价格和投资者投资决策的因素众多,但只要投资者证券买入时间符合《若干规定》的法定要求,即可推定交易因果关系的成立,无须证实虚假陈述是投资者买入证券的唯一原因。

综上,本案投资者买入方正科技股票的行为与方正科技公司的虚假陈述行为之间具有交易上的因果关系,上诉人的此项上诉理由不能成立,本院不予采纳。

2. 投资者的投资差额损失计算中,应以何种方法确定系争股票的买入均价

根据《若干规定》的规定,投资人在基准日及以前卖出证券的,其投资差额损失,以买入证券平均价格与实际卖出证券平均价格之差,乘以投资人所持证券数量计算得出。投资人在基准日之后卖出或者仍持有证券的,其投资差额损失,以买入证券平均价格与虚假陈述揭露日或者更正日起至基准日期间,每个交易日收盘价的平均价格之差,乘以投资人所持证券数量计算得出。在本案中,上诉人与被上诉人关于投资差额损失计算的争议主要在于如何确定证券买入均价。

上诉人认为,一审判决采用"第一笔有效买入后的移动加权平均法"计算买入均价,会将揭露日前一部分已经卖出,只是当时并没有清仓的证券的实际交易价格计入买入成本,有违《若干规定》的规定。上诉人主张本案应采用"先进先出法+普通加权平均法"作为买入均价的计算方法,即将投资者在实施日至揭露日期间依先后顺序卖出的股票抵消投资者在该期间依先后顺序买入的股票,确定可索赔股数的范围后,再以可索赔股数的实际买入价加权计算买入均价。

四名被上诉人认为,本案应采用实际成本法计算差额损失,具体方法:投资差额损失=实施日到揭露日之间的买入总成本(每一笔实际买入金额之和)-实施日到基准日期间对应的卖出总金额(每一笔卖出金额之和),持有至基准日的股票,以基准价格卖出。四名被上诉人认为该计算方法反映了投资者的实际损失,且计算方式简便易行。

关于证券买入均价的计算方法，本院作如下分析：(1)以本案投资者主张的“实际成本法”计算证券买入均价，计算过程不仅受到证券买入价格的影响，也受到证券卖出价格的影响，事实上将投资者从实施日到揭露日的投资收益或亏损情况纳入考虑范围。从计算结果来看，应用“实际成本法”可能导致畸高或畸低的买入均价，即买入均价可能远高于该期间证券的最高价或低于该期间证券的最低价，对于投资者或上市公司而言均有失公平合理。(2)关于方正科技公司主张的“先进先出法+普通加权平均法”，由于证券系种类物，无法将买入或卖出的证券进行特定化，故“先进先出”仅是一种会计上的假设。同时，从《若干规定》关于证券买入均价的规定来看，其考虑的应是从实施日到揭露日整个期间投资者的买入成本，而根据上诉人主张的计算方法，当投资者在此期间多次买卖该证券的情形下，将导致买入均价仅由接近揭露日的证券买入价格所决定，并不符合立法本意。特别是在该期间内股价出现大幅下降的情况时，此种计算方法往往导致投资者的投资差额损失很小，无法获得有效救济。(3)相对而言，“移动加权平均法”考虑了从实施日至揭露日整个期间内投资者每次买入证券的价格和数量，同时剔除了因卖出证券导致的盈亏问题，符合《若干规定》的规定精神，能够较为客观、公允地反映投资者持股成本，避免畸高畸低的计算结果，易于为市场各方接受。就计算便利性而言，“移动加权平均法”的计算方式相对复杂，但随着技术进步，通过第三方专业机构运用计算机软件分析交易数据并计算结果，已经能够解决“移动加权平均法”带来的计算量问题，并不会给投资者救济增加困难。

综上，本院认为，采用“移动加权平均法”计算证券买入均价符合相关法律规定，计算逻辑和计算结果均具有合理性，本院予以认可。就一审法院运用该方法计算所得投资差额损失的具体数额，各方均无异议，本院予以确认。

3. 本案中证券市场系统风险应如何计算

关于证券市场系统风险，根据《若干规定》的规定，虚假陈述行为人举证证明投资者的损失或者部分损失是由证券市场系统风险等其他因素导致的，应当认定虚假陈述与损害结果之间不存在因果关系。

关于证券市场系统风险计算方法，四名被上诉人认为，本案中不存在证券市场系统风险，如果必须要扣除，也应在10%的范围内统一酌情扣除。上诉人认为，本案《损失核定补充意见书》的计算方法导致了部分案件出现投资者损失“未受系统风险影响”的不合理情况。例如，被上诉人潘某某持有部分方正科技股票至基准日，而基准日当天A股市场遭遇熔断，明确存在系统风险，但计算结果却显示其投资损失未受系统风险影响。同时,即使采用《损失核定补充意见书》的计算方法,也应当合理确定系统风险的最低比例。在本案揭露日至基准日期间,上证指数下跌 9.11%,申万一级行业指数计算机下跌 10.89%,申万三级行业指数计算机设备下跌 11.65%,方正科技股价下跌 25.20%,因此本案揭露日至基准日期间系统风险对投资者投资损失的影响比例应为(9.11% +10.89% +11.65%)÷3 ÷25.20% =41.87%。据此,上诉人主张应以揭露日至基准日期间的系统风险影响比例 41.87% 作为本案系统风险的最低比例。

本院认为,证券市场系统风险扣除比例是合理确定虚假陈述民事赔偿责任范围的重要因素,而鉴于系统风险因素的复杂性和不确定性,难以绝对精确地予以测算,但可以通过比较各种计算方法的优劣,进而作出相对公平合理的选择。对此,本院作如下分析:(1)计算证券市场系统风险扣除比例,其目的在于将系统风险从股价变化的影响因素中加以剔除,而统一扣除比例的方法无法反映整体市场风险与单一股价变化的相对关系,故同时考察指数变化与股价变化的"同步指数对比法"更具合理性。(2)考虑在同一证券虚假陈述行为引发的案件中,每个投资者的交易时间、交易量等均不相同,股价变动中包含的市场系统风险也不尽相同。如果采用统一的扣除比例,将无法真实反映不同投资者经历的市场系统风险,导致形式公平而实质不公平的结果。《损失核定补充意见书》采用的计算方法考察了从实施日到基准日的整个区间,客观反映了投资者经历的所有市场系统风险,且根据每一个投资者的交易记录进行具体测算,反映了不同投资者在交易时间和交易量上的差异,计算结果更符合公平原则。(3)关于参考指数的选择,《损失核定补充意见书》采用上证综指、申万一级行业指数和申万三级行业指数作为证券市场系统风险的参考指数,从不同维度反映了整体市场与个股价格变化的相对关系,在市场风险影响程度的判定上更为严谨。该指数选择也获得双方当事人的一致认同,本院予以认可。

对于上诉人主张的"同步指数对比法"导致部分投资者系统风险扣除比例为零,故应设置最低风险比例的观点,本院认为:(1)确定本案投资者应获赔偿的损失数额,包括投资差额损失核定与扣除证券市场系统风险比例两个阶段。在核定投资差额损失时,一审判决采用"移动加权平均法"计算投资者的证券买入均价,已经将投资者在实施日和揭露日之间因股价涨跌产生的投资亏损剔除在差额损失之外。例如,就投资者潘某某而言,尽管其市场系统风险扣除比例为零,但其按照"移动加权平均法"计算所得的股票买入均价相对其他投资者明显偏低,导致每股的投资损失差额也相对较低。

与投资者依据“实际成本法”提出的诉讼请求金额相比，一审判决对各投资者可获赔偿的损失数额均作了一定程度的扣除，其中卢某某扣除53.61%、杨某某扣除48.36%、蔡某某扣除23.32%、潘某某扣除37.74%，计算结果相对公平。(2)本案在计算投资差额损失与市场系统风险扣除比例时，均采用“移动加权平均法”测算股价变化及指数变化，其计算方法前后一致，具有逻辑上的统一性。上诉人提出的在同步指数对比法与统一比例法两者之间“就高扣除”的观点，欠缺逻辑上的一致性，并无事实依据和法律依据，本院不予采纳。(3)关于投资者潘某某的证券市场系统风险扣除比例为零的具体原因，从该投资者的交易过程来看，其持有的方正科技股票多数系在市场有关指数位于相对低点时买入。在买入证券后指数整体平稳或上扬的情形下，证券市场系统风险扣除比例为零系该计算方法所得出的自然结果。

综上，本院认为，《损失核定补充意见书》采用“同步指数对比法”计算证券市场系统风险扣除比例，相对公平合理、客观准确，方正科技公司针对证券市场系统风险扣除比例的上诉理由不能成立，本院不予采纳。

4. 本案中是否需要扣除证券市场系统风险以外的其他因素

关于本案中是否需要扣除证券市场系统风险以外的其他因素的问题，上诉人称，投资者部分损失系因方正科技公司经营业绩下滑及债务问题造成股价下跌所致，属于《若干规定》规定应予扣除的“其他因素”所致损失的情形，不应以无法准确计算而不予扣除，应酌情认定本案非系统风险因素对投资者损失的影响比例，并予以剔除。被上诉人认为，目前有关法律对于非系统风险并无明确界定，上诉人所称的非系统风险因素亦缺乏事实依据，本案中不应予以考虑。

对此，本院认为，为因证券市场虚假陈述受到损失的投资者提供民事赔偿救济，其目的在于保护投资者合法权益，规范证券市场行为，维护资本市场的公平、公开、公正。因此，对于《若干规定》第19条规定的“其他因素”的适用，应严格把握。此种处理原则亦符合我国长期以来的司法实践。同时，市场中影响股票价格的因素众多，既包括利空因素也包括利多因素，如果仅考虑利空因素对股价的影响而扣减投资者获赔比例，对于投资者来说亦不公平。在本案中，上诉人所称方正科技公司经营业绩下滑及债务等问题，对方正科技公司股票价格产生何种影响并不明确，故一审法院未将其作为扣除赔偿比例的因素，并无不当，本院予以认可。

综上所述，方正科技公司因重大关联交易未披露的行为，构成证券虚假陈述侵权，应对被侵权的投资者承担相应民事赔偿责任。本案投资者在实施日到揭露日期间买入股票并持有至揭露日,存在投资差额损失,与方正科技公司的虚假陈述行为之间具有交易上和损失上的因果关系,有权要求虚假陈述行为人方正科技公司予以赔偿。本案一审法院采用移动加权平均法计算投资者的证券买入均价并采用同步指数对比法计算市场系统风险扣除比例,均符合《若干规定》的规定,计算方法和计算结果相对公平合理,并无不当。上诉人的上诉请求均不能成立,应予驳回。一审判决认定事实清楚,适用法律正确,应予维持。依照《民事诉讼法》第170条第1款第1项规定,判决如下:

驳回上诉,维持原判。

二审案件受理费人民币8172.16元,由上诉人方正科技集团股份有限公司负担。

本判决为终审判决。

审　判　长　茆荣华
审　判　员　许晓骁
审　判　员　宋向今
二〇一九年八月七日
书　记　员　石　琳

本案相关新闻报道

全国首例示范判决生效　投服中心受托核定投资者损失

2019年8月7日,上海金融法院全国首例示范案件——原告潘某等诉被告方正科技集团股份有限公司证券虚假陈述责任纠纷一案二审由上海市高级人民法院判决驳回被告上诉,维持原判。该案是全国首例公开宣判并生效的示范案件,开创性地引入投服中心作为第三方专业机构辅助法院进行损失核定,奠定了证券领域投资者司法救济的里程碑。

积极研究,共同打造示范判决制度基础

2016年,中国证券监督管理委员会与最高人民法院联合部署,将"推动建立示范判决机制"作为落实证券期货纠纷多元化解机制试点工作的重要举措。为推动示范判决机制尽快落地,相关法院、投服中心开展了扎实的研究和准备。2018年,投服中心与上海市第一中级人民法院合作的课题《证券支持诉讼示范判决机制研究》在首届中小投

资者投服论坛上宣介。2019 年 1 月,上海金融法院发布《关于证券纠纷示范判决机制的规定(试行)》(沪金融法〔2019〕2 号),其中明确优先选定国家机关或依法设立的公益性组织机构支持诉讼的案件作为示范案件,委托第三方专业机构核定损失。2019 年 6 月至 7 月,最高人民法院、上海市高级人民法院及上海金融法院相继发布科创板并试点注册制改革司法保障意见,明确推广示范判决机制,充分发挥专家证人在案件审理中的作用。

大胆创新,开发损失计算软件

投服中心以损失计算为切入点,开发证券虚假陈述案投资者损失计算软件,推动示范判决机制尽早落地。该损失计算软件具备投资差额损失计算、证券市场系统风险扣除计算和证券市场非系统性风险扣除计算等三大核心功能。"投资差额损失计算功能"可提供移动加权平均法和实际成本法两种买入均价算法,其中,移动加权平均法是公认的最合理的买入成本计算方法,以往受限于该算法计算过程烦琐,很少在司法实践中应用,损失计算软件有效解决了这一司法实践痛点。投服中心还创新性地提出"3 + X"组合参考指数的证券市场系统风险认定与扣除方法。自 2017 年以来,最高人民法院民二庭先后 3 次赴投服中心就损失计算软件开发应用进行调研。经上海市高级人民法院组织专家评估,损失计算软件的计算逻辑得到了一致认可。

广泛推介,开启群体性证券诉讼新模式

自 2019 年年初损失计算软件应用以来,投服中心积极向多地法院交流推介。截至 2019 年 8 月,投服中心共接到上海、郑州、广州等 4 地法院共 8 起证券虚假陈述案件的损失核定委托,涉及投资者数千名。

公益性投资者保护机构以辅助投资者损失核定身份参与诉讼,上海市高级人民法院、上海金融法院根据该损失核定意见作出示范判决,是证券投资者保护与司法审判领域的开创性举措,既体现了投服中心的专业性和公益性,又展现了上海司法审判机关对证券投资者司法救济的创新意识和担当精神。在损失计算软件助力下,群体性证券纠纷诉讼新模式得以正式落地。

图书在版编目(CIP)数据

诉讼维权案例评析. 2020年 / 郭文英主编. -- 北京：法律出版社，2020
ISBN 978-7-5197-5187-6

Ⅰ. ①诉… Ⅱ. ①郭… Ⅲ. ①诉讼法-案例-中国 Ⅳ. ①D925.05

中国版本图书馆CIP数据核字(2020)第242911号

诉讼维权案例评析(2020年)
SUSONG WEIQUAN ANLI PINGXI (2020 NIAN)

郭文英 主编

策划编辑 陈　妮
责任编辑 陈　妮　黄　筝
装帧设计 李　瞻

出版 法律出版社
总发行 中国法律图书有限公司
经销 新华书店
印刷 固安华明印业有限公司
责任校对 周合芝　周诗湄
责任印制 吕亚莉

编辑统筹 法治与经济出版分社
开本 787毫米×1092毫米　1/16
印张 10.5
字数 181千
版本 2020年12月第1版
印次 2020年12月第1次印刷

法律出版社/北京市丰台区莲花池西里7号(100073)
网址/www.lawpress.com.cn
投稿邮箱/info@lawpress.com.cn
举报维权邮箱/jbwq@lawpress.com.cn
销售热线/400-660-8393
咨询电话/010-63939796

中国法律图书有限公司/北京市丰台区莲花池西里7号(100073)
全国各地中法图分、子公司销售电话：
统一销售客服/400-660-8393/6393
第一法律书店/010-83938432/8433　西安分公司/029-85330678　重庆分公司/023-67453036
上海分公司/021-62071639/1636　深圳分公司/0755-83072995

书号:ISBN 978-7-5197-5187-6　**定价**:68.00元
(如有缺页或倒装,中国法律图书有限公司负责退换)